L'accompagnement au soir de la vie

Coordonnatrice de l'édition: Linda Nantel
Révision: Sylvie Massariol

Conception graphique de la couverture: Jean-Marc Jetté
Photographie: Rachel Fontaine

DISTRIBUTEURS EXCLUSIFS:

- Pour le Canada et les États-Unis:
  LES MESSAGERIES ADP*
  955, rue Amherst, Montréal H2L 3K4
  Tél.: (514) 523-1182
  Télécopieur: (514) 939-0406
  * Filiale de Sogides Ltée

- Pour la Belgique et le Luxembourg:
  PRESSES DE BELGIQUE S.A.
  Boulevard de l'Europe 117
  B-1301 Wavre
  Tél.: (10) 41-59-66
  (10) 41-78-50
  Télécopieur: (10) 41-20-24

- Pour la Suisse:
  TRANSAT S.A.
  Route des Jeunes, 4 Ter
  C.P. 125
  1211 Genève 26
  Tél.: (41-22) 342-77-40
  Télécopieur: (41-22) 343-46-46

- Pour la France et les autres pays:
  INTER FORUM
  Immeuble ORSUD, 3-5, avenue Galliéni, 94251 Gentilly Cédex
  Tél.: (1) 47.40.66.07
  Télécopieur: (1) 47.40.63.66
  Commandes: Tél.: (16) 38.32.71.00
  Télécopieur: (16) 38.32.71.28
  Télex: 780372

Andrée Gauvin *Roger Régnier*

L'accompagnement au soir de la vie

Le rôle des proches et des bénévoles auprès du malade

le jour, éditeur

Données de catalogage avant publication (Canada)

Gauvin, Andrée

L'accompagnement au soir de la vie: le rôle des proches et des bénévoles auprès du malade

Comprend des références bibliographiques

ISBN 2-8904-4472-4

1. Soins en phase terminale — Aspect psychologique. 2. Malades en phase terminale — Psychologie. 3. Malades en phase terminale — Relations familiales. 4. Bénévoles dans les soins en phase terminale. 5. Comportement d'aide. I. Régnier, Roger, 1942- . II. Titre.

R726.8.G38 1992 362.1'75 C92-097141-5

Dépôt légal: 4e trimestre 1992
Bibliothèque nationale du Québec

ISBN 2-8904-4472-4

Aux malades, à leurs familles et aux accompagnants avec qui, au fil des jours, nous avons partagé des moments privilégiés.

Préface

Pour moi, l'ouvrage d'Andrée Gauvin et de Roger Régnier, *L'accompagnement au soir de la vie,* est aussi le livre de l'accompagnement de tous les jours, de toute la vie. Bien sûr, des considérations spéciales colorent et encadrent l'approche, mais, fondamentalement, les énoncés peuvent — et doivent — s'appliquer aux circonstances de la vie quotidienne.

Par le passé, certains médecins se sont beaucoup intéressés à l'accompagnement des personnes en fin de vie et ont écrit sur le sujet; signalons, entre autres, les docteurs Maurice Abiven et Charles-Henri Rapin, des collègues et amis. L'approche de cet ouvrage diffère de la leur puisque les auteurs nous livrent ici des expériences vécues en tant qu'accompagnants non professionnels.

L'ouvrage de madame Gauvin et de monsieur Régnier vise d'abord les accompagnants naturels, amis et parents du patient, ainsi que les bénévoles de leur unité de soins palliatifs et tous les autres bénévoles. Mais les auteurs s'adressent aussi aux professionnels qui peuvent parfois combiner intervention et accompagnement.

Leur approche particulière permet de dépasser la notion de professionnel et de regrouper intervenants de la santé, accompagnants naturels (proches, parents et amis) et bénévoles. Avec les auteurs, nous apprenons aussi à marcher sur la pointe des pieds avec respect, tendresse et amour. Le livre est à la fois un enseignement et un témoignage basés sur une philosophie de don de soi et de chaleur humaine. Il provient d'un vécu et d'un savoir qui sont le fruit d'expériences et de confidences mûries et intégrées. Il guide, informe et soutient les premiers intervenants, souvent mal préparés, mal guidés et isolés, qui, à l'Unité des soins palliatifs, feront partie de l'équipe traitante et s'intégreront au triangle interactif patient, famille et équipe multidisciplinaire.

L'accompagnement au soir de la vie donne certes de l'information, mais il va beaucoup plus loin: il fournit une formation de base, avec des exemples tirés d'expériences et d'émotions vécues, de psychologie théorique et de psychologie appliquée au patient en phase préterminale ou terminale, jusqu'à son décès.

«Connais-toi toi-même et tu connaîtras mieux les autres», disait Socrate. Pour nous venir en aide, les auteurs analysent les sentiments qui remontent à la surface durant l'accompagnement: culpabilité, impuissance, angoisse, agressivité, peur, chagrin, fatigue, incompréhension, deuil, mais aussi adaptation, imagination, amitié, joie, admiration, partage, générosité et amour. Leur guide nous aide évidemment à mieux comprendre les relations, les ressentiments, les brisures, la désorganisation, l'appréhension, la tristesse, et nous permet de mieux saisir l'ambivalence, la réorganisation, le respect et l'espoir.

Les familles se sont désagrégées et il n'est plus possible de mourir comme autrefois, entouré des siens. Nous cherchons donc, désormais, une façon de mourir aussi humaine, avec des soins palliatifs actifs parce que fondés sur les valeurs vraies et positives de l'amitié, de la tendresse, du respect, du don de soi et de l'amour.

Il nous appartiendra d'intégrer les notions et les réflexions que nous propose ce guide. Il saura nous aider si nous savons l'assimiler et l'adapter à notre façon d'accompagner les patients, qu'ils soient en phase terminale ou non. Il nous amènera probablement — et même sûrement — à modifier un peu notre façon de vivre au quotidien.

Dr Maurice Falardeau,
directeur de l'Unité des soins palliatifs
de l'Hôpital Notre-Dame

Remerciements

Nous remercions les membres de l'équipe de l'Unité des soins palliatifs de l'Hôpital Notre-Dame avec lesquels nous avons tant appris et partagé.

Nous remercions particulièrement mesdames Christiane Affaki et Francine Belliveau, les docteurs Maurice Falardeau et Yves Quenneville, ainsi que monsieur Serge Gauvin.

Avant-propos

Depuis quelques décennies, notre société a appris à connaître les difficultés des personnes en fin de vie et celles de leurs proches; par bien des moyens, elle a cherché à leur venir en aide. Cette prise de conscience a donné lieu au développement d'activités spécialisées comme les soins médicaux et infirmiers adaptés, le contrôle de la douleur, l'assistance sociofamiliale et psychologique, le soutien spirituel, la musicothérapie, la relation d'aide, le bénévolat, le suivi de deuil. Il est devenu courant d'appeler «accompagnement en fin de vie» l'ensemble de ces activités. On les pratique en particulier à l'hôpital, en milieu de soins palliatifs. Pour nous toutefois, le mot «accompagnement» a un sens encore plus riche.

S'il est vrai que l'ensemble des activités (soins et soutien) auprès des personnes en fin de vie constitue un accompagnement, il est tout de même important d'établir une distinction entre deux types d'accompagnants. Les médecins, les infirmières, les infirmiers, les soignants, les travailleurs sociaux, les diététistes, les musicothérapeutes et les agents de pastorale sont des **accompagnants professionnels**, tandis que les proches des malades et les bénévoles sont des **accompagnants non professionnels**. Bien entendu, cette distinction ne contient pas de jugement de valeur sur le sens profond et la qualité des actes posés; que ce soit ou non dans l'exercice d'une profession, tous les praticiens sont virtuellement de bons accompagnants.

Dans la foulée du mouvement palliatif, il était naturel et nécessaire que la pratique trouve son prolongement, audelà des actes, dans une réflexion, une analyse et un partage de l'information. Divers corps enseignants et intervenants ont ainsi donné leurs lettres de noblesse à cette expérience et ce savoir «nouveaux». Les cours sur le mourir et le deuil, les ateliers de formation, les livres, les articles et les conférences sur le sujet se multiplient. On est en droit de se demander si nous n'assistons pas à la création d'une nouvelle science humaine: la science du mourir. On peut même, si cela n'a déjà été fait, désigner cette science par le terme d'«étymothanatologie».

Pour cet ouvrage, nous avons choisi de nous référer à une idée humaine — et non théorique — de l'accompagnement, marquant par là notre réticence à enfermer dans un carcan doctrinal l'expérience humaine qu'est d'abord l'accompagnement.

On sait, bien sûr, qu'en matière de connaissance d'un événement, le meilleur expert est la personne qui en fait l'expérience. Autrement dit, la personne qui ressent, qui vit l'événement est plus «experte» que celle qui le repense, l'analyse ou le codifie. En ce sens, la connaissance est «ressentie» (avec toute la valeur accordée à ce mot souvent galvaudé) avant de devenir savoir. C'est d'ailleurs ce qui nous amène à exprimer d'emblée le postulat suivant: les meilleurs accompagnants, les premiers en tout cas, sont les accompagnants naturels, soit les proches des personnes qui parviennent à la fin de leur vie. Mais leur accompagnement spontané nécessite néanmoins information et soutien.

L'accompagnement en fin de vie suscite par ailleurs l'intérêt de nombreuses personnes souvent moins directement concernées que les proches. Et c'est, la plupart du temps, à cause de la nature essentielle des fonctions qu'elles exercent (soins adaptés, direction et supervision d'équipes, formation et coordination de bénévoles, animation de groupes d'entraide), ou bien des modes et des structures spécifiques dans lesquels elles fonctionnent (soins et services à domicile, en unités de soins palliatifs, hospices, services de gériatrie, centres d'accueil ou de soins continus, groupes d'entraide, etc.).

Les soins palliatifs en milieu hospitalier francophone doivent l'intérêt qu'ils provoquent entre autres à l'expérience des treize dernières années de l'Unité de l'Hôpital Notre-Dame de Montréal, qu'ont fait connaître les cours de formation, les conférences, articles et divers ateliers, colloques et congrès. Dans les communications, le sujet de l'accompagnement revenait souvent et soulevait maintes demandes d'explications ou d'éclaircissements. Aussi, pour nous était-il devenu pertinent de rassembler dans un même ouvrage le contenu des exposés jusque-là communiqués séparément à des lecteurs ou à des auditoires spécifiques. Nous nous sommes donc mis à la tâche, forts de nombreux appuis.

Trois lignes directrices majeures ont orienté notre démarche.

En premier lieu, quand il est question d'accompagnement en fin de vie, il nous est apparu qu'un groupe particulier d'accompagnants, composé des proches des malades, est souvent peu apprécié voire carrément oublié par les intervenants spécialisés. Ces proches sont des accompagnants naturels de première ligne, sans uniforme et sans titre. Souvent, bien avant l'annonce du pronostic fatal, et maintes fois sans qu'il soit question d'hospitalisation, ces personnes ont passé des heures, des jours, des mois ou même des années à prodiguer des soins à leur malade, parfois dans un cruel isolement.

Lorsque l'hospitalisation ou le placement en établissement spécialisé devient inévitable, ces personnes délèguent à d'autres les tâches devenues trop lourdes à assumer. Elles n'en continuent pas moins à offrir une présence soutenue auprès de l'être cher, en dépit de la grande fatigue physique, émotionnelle et psychologique accumulée. Dans le contexte des soins palliatifs, ces personnes font partie, au premier chef même, d'une équipe dont les membres, spécialisés ou non, proches ou étrangers, exercent un accompagnement collectif et non compartimenté. En milieu hospitalier ou à domicile, tous sont de véritables partenaires dans l'exercice de l'accompagnement.

On peut raffiner davantage et alléguer qu'il existe deux groupes de bénévoles qui accompagnent les malades de façon différente, mais complémentaire. Les premiers, les **accompagnants naturels** — conjoints, enfants, parents et amis — soutiennent le malade sans y être vraiment préparés. Ils doutent souvent de leur habileté sur ce plan, œuvrent dans l'isolement psychologique et sans informations. Les autres, les **accompagnants étrangers**, prodiguent à la fois au malade et à ses proches un accompagnement complémentaire, une forme de relève qui vise non pas à remplacer les accompagnants naturels (à moins que la demande n'ait été exprimée), mais à alléger leur fardeau, ou encore à pallier l'isolement de certains patients. Nous souhaitons vivement que notre ouvrage rejoigne ces deux groupes d'accompagnants.

En deuxième lieu, l'accompagnement en fin de vie, qu'il soit spécialisé ou non, demeure encore un sujet relativement peu documenté. En effet, s'il existe une documentation abondante sur certains aspects de l'accompagnement (l'empathie, l'écoute, la relation d'aide, entre autres), peu d'ouvrages explorent simultanément les multiples facettes de cette activité fondée sur diverses disciplines regroupées, mais qui reste essentiellement une pratique continue de la disponibilité et de la flexibilité (pas toujours limitée au contexte particulier des soins palliatifs).

En troisième et dernier lieu, notre pratique de l'accompagnement s'exerce dans un milieu hospitalier, de concert avec celle des professionnels. C'est sans doute le motif principal des demandes d'éclaircissement ou d'information de la part de certains intervenants ou futurs intervenants. Il faut bien le reconnaître, l'accompagnement bénévole en milieu hospitalier présente un caractère paradoxal: bien que «spécialisé» et structuré (les bénévoles reçoivent une formation), il est pratiqué par des non-professionnels. Nous voulons donc également témoigner de l'intégration réussie d'une équipe de non-professionnels dans une équipe de professionnels.

Depuis longtemps, l'expérience a montré que le concept est viable et ne présente pas de difficultés insurmontables. De plus, nous pensons qu'il peut s'appliquer à des formules différentes, dans des structures autres que celles du milieu hospitalier (soins à domicile, par exemple). Si nous avons pris comme point de départ notre expérience dans l'unité des soins palliatifs d'un hôpital (c'est-à-dire dans ce que nous connaissons le mieux), nous ne voulons aucunement suggérer qu'il s'agit du seul modèle possible ou souhaitable, ni dans sa structure ni dans son fonctionnement. Nous souhaitons au contraire que le contenu de ce livre soit considéré comme l'une des approches potentielles en soins palliatifs.

Dans le même ordre d'idées, bien que l'expression «fin de vie» soit souvent accolée à un contexte de mort particulier, ce qui est principalement le cas ici puisque nous traitons de l'accompagnement de personnes cancéreuses en phase préterminale ou terminale, nous souhaitons vivement que l'usage de l'expression «fin de vie» ne soit pas perçu de manière restrictive et que certaines matières abordées dans ce guide puissent s'appliquer à d'autres situations.

INTRODUCTION

La rupture du temps

L'être humain ne peut bâtir et poursuivre sa vie qu'en fonction de l'avenir. Quand on parle de temps morts dans le déroulement de l'existence, on pense à des pauses, à des pannes ou à des affaiblissements temporaires, non à des arrêts définitifs. La vie est faite de continuité et d'enchaînements, de liens et de raccordements, de temps successifs attendus et préparés. La MORT n'est-elle pas, justement, l'arrêt de cette succession des temps de la vie, l'ultime manque de temps, la déchirure du temps?

Cette déchirure ne se produit jamais d'un seul coup; elle a ses temps. Même la mort subite laisse à ceux qui restent la douleur de la survivance dans un avenir tapissé d'absence. La mort anticipée impose quant à elle au malade et à ses proches la poursuite d'un temps indéterminé comportant les fins successives de tout ce qui fait le devenir, le vivre. Toute la douleur de la finalité humaine est contenue dans le temps d'une formule: vivre sa mort. Mais la fin de la lutte et de l'espoir, la fin de l'attachement, des plaisirs et de l'amour, la fin des projets et de l'avenir ne sont pas des formules abstraites.

Premier temps de la déchirure, première faille: **le diagnostic** entraînant le choc, le doute, la négation, le déséquilibre. Mais aussi la lutte et l'espoir car, s'il y a déchirure, ce n'est peut-être pas si grave; après tout, la vie est pleine de ces accrocs qui se ressoudent et se cicatrisent. En y mettant le temps, le courage et la détermination, on saura bien encore une fois surmonter cette épreuve comme on a dominé les autres...

Deuxième temps de la déchirure: **le pronostic**. C'est plus sérieux, plus grave qu'on ne le pensait. On ne peut plus seulement recoller les morceaux, il faut envisager des mesures draconiennes, telles la chirurgie, la chimiothérapie et la radiothérapie. Suivent l'hospitalisation et les visites fréquentes, les traitements et les attentes, d'autres luttes, d'autres espoirs. Le temps, déjà, n'est plus linéaire, il se décompose en dents de scie. Mais il est encore temps d'espérer la guérison ou au moins de retarder l'échéance, d'obtenir un sursis et d'en payer le prix.

Troisième temps de la déchirure: **l'arrêt des traitements curatifs**. La fin de l'espérance de guérison. Le temps ramassé en fragments précieux.

Quatrième temps de la déchirure: **la conscience de la fin de la vie, la fin du temps**.

Cinquième temps de la déchirure: **l'agonie**. Abandonner à ceux qui restent le temps de la vie.

Sixième temps de la déchirure: **le décès**. Les proches vivent avec l'absence de l'être aimé, avec le temps brisé.

L'accompagnement: un raccordement

Accompagner, selon le dictionnaire, c'est aller de compagnie avec quelqu'un, mais aussi être copain avec lui (de l'ancien français «compain»); c'est également ajouter ou s'ajouter à quelque chose. Ces différents sens se fondent tous dans le fait d'accompagner un malade, d'être et d'agir avec lui. La temporalité, on l'a dit, se fait à la fois possibilité de suites continues (avenir) et menace de cessation (rupture). Ce tiraillement existentiel devient particulièrement douloureux dans les grandes épreuves: «Ça ne valait pas la peine d'investir tant pour en arriver là.» «À quoi bon bâtir et lutter puisqu'il faut un jour tout abandonner?» «C'est trop dur de tant croire à la vie et d'avoir à renoncer.» Or, afin de composer avec ce tiraillement et de circonvenir l'angoisse de la finitude, de la mortalité, l'être humain dispose de deux forces majeures. D'une part, le sens et le besoin de réalisation qui lui permettent de poursuivre son existence, de s'affirmer et de laisser ses marques concrètes dans la fuite du temps; d'autre part, le sentiment d'appartenance aux choses et aux êtres qui lui donnent sa justification, le prolongent et l'attachent à tout ce qui fait la vie. Au fond, tout le sens de la destinée humaine ne revient-il pas à ces deux phénomènes? Et que reste-t-il quand cesse toute possibilité de réaliser et de se réaliser, sinon le sentiment d'appartenance qui scelle l'attachement au vivant!

... et la solidarité

L'être humain sent et ressent, pense et agit, communique avec son corps et son cœur, avec ses tripes. Le corps (d'abord le corps de la mère, puis le sien) est son premier lien — et premier lieu — d'appartenance. Viennent ensuite les corps parentaux et familiaux, affectifs et sociaux, dans lesquels le corps individuel se prolonge, s'épanouit et se réalise. L'expression «corps social» est à peine au figuré. Les événements troublants de l'existence nous rappellent notre besoin constant de solidarité, et quand il est question de faire corps avec ses semblables dans une cause commune, il ne s'agit plus du tout d'un concept abstrait. «Se serrer les coudes», «épouser des intérêts», «embrasser une cause» sont loin d'être des intellectualisations. Ces expressions montrent bien que le corps de la vie réside dans les liens d'appartenance et de solidarité. Le corps individuel se rattache toujours au corps social, que ce lien prenne la forme d'un rapport convivial ou spécifiquement parental, médical, spirituel ou autre.

Pourquoi et comment l'être humain accompagné **et** accompagnant à chacune des étapes de son existence — à commencer par sa naissance — devrait-il quitter la vie dans l'isolement? Pourquoi devrait-il, au moment le plus angoissant de tous peut-être, ne plus compter dans sa solitude sur les liens qui le rattachent au vivant?

En des temps révolus dans notre société, l'existence humaine se déroulait généralement (si l'on fait abstraction des catastrophes) selon une trajectoire plus prévisible et par là, moins angoissante, dans laquelle la mort s'inscrivait le plus souvent comme un événement — traumatisant ou non — naturel et entouré. La communauté maintenait les liens d'un pôle à l'autre de la vie. En plus de l'esprit convivial, elle pouvait compter, dans les grands moments de joie et de douleur, sur des «accompagnants» d'exception comme les prêtres, les médecins de famille ou encore quelque conseiller respecté ou personne charitable. Sans reprendre ici l'histoire et la spécialisation du mourir, nous voulons nous concentrer sur les liens d'attachement qui ressoudent les cassures et adoucissent les épreuves, redonnent sa dignité et sa force d'être, jusqu'à la fin, à la personne brisée ou vaincue.

Le fait que l'accompagnement soit humain avant d'être savant n'est pas incompatible avec le perfectionnement de l'approche médicale professionnelle, au contraire. Entre l'accompagnement naturel et l'accompagnement spécialisé, l'apport se fait dans les deux sens, dans une complémentarité humanisante dont on ne peut que se réjouir. Nous concevons d'abord l'accompagnement comme une relation de personne à personne en milieu naturel, pas forcément comme un rapport entre soigné et soignant en milieu spécialisé. De toute façon, dans un contexte comme dans l'autre, l'accompagnement reste le même, la facette spécialisée ne visant qu'à appuyer et à compléter l'aide des proches ou à offrir des compétences particulières.

Pour nous, l'accompagnement est donc, avant tout, une assistance naturelle et spontanée prodiguée dans une cellule familiale ou conviviale en situation de crise parce que l'un de ses membres est affecté par une maladie mortelle. Dans le milieu naturel, chacun peut accompagner un proche en fin de vie avec ses qualités propres. Parmi tous les outils à sa disposition, ses liens d'attachement au malade s'avèrent souvent les plus efficaces, les plus aidants. Mais encore faut-il qu'il dispose de l'information et du soutien nécessaires!

La première partie du livre est consacrée aux conséquences du diagnostic de la maladie terminale, et aux réactions que celle-ci suscite chez le malade et son entourage.

La deuxième partie se rapporte à l'accompagnement naturel exercé par les proches du malade.

La troisième partie traite de l'accompagnement bénévole et de son intégration dans une équipe de professionnels.

PREMIÈRE PARTIE

La menace

Chapitre premier

La déchirure

Dans une maison anonyme de la banlieue nord, madame S. émerge avec difficulté d'une brève période de sommeil entrecoupé de mauvais rêves. Son corps endolori s'étire péniblement dans le fauteuil où elle tente, depuis plusieurs nuits, de trouver quelques rares moments de repos. Dans le lit, son mari geint, en proie à la douleur et à l'inconfort. Madame S., que la moindre plainte du malade suffit à réveiller, est vite debout — la force de l'habitude déjà — et s'empresse auprès de lui. Elle lui prend la main, retape les oreillers, éponge son visage perlé de sueur et s'affaire à lui trouver une position plus confortable tout en lui chuchotant des mots doux.

Pendant un bref instant, elle se sent désemparée, si impuissante qu'une sensation de découragement lui fait monter les larmes aux yeux. «Mon Dieu, pense-t-elle, comment vais-je tenir le coup? Pendant combien de temps? Vais-je tomber malade, moi aussi? Je ne peux plus continuer comme ça!»

Mais elle se reprend vite. Il ne faut pas montrer sa fatigue et sa peine au malade: cela ne serait pas bon pour lui. Il faut être forte et tenir le coup. Et puis, un de leurs enfants doit venir dans la matinée et rester quelques heures avec eux. D'ici là, elle aura le temps de laver un peu son mari, de changer le lit tant bien que mal et de mettre de l'ordre dans la chambre.

Une autre longue journée d'accompagnement commence.

Jusqu'à tout récemment, comme elle le faisait depuis plus de quarante ans, madame S. dormait à ses côtés dans le lit conjugal, autrefois lieu de repos, de retrouvailles et de tendresse, et elle profitait de bons moments de sommeil réparateur. Son mari, bien qu'un peu plus souffrant chaque jour, trouvait lui aussi l'apaisement dans la chaleur de l'intimité. Dans les moments difficiles de la nuit, chacun des époux pouvait sentir la présence rassurante de l'autre et y puiser du réconfort.

Mais cette intimité si longtemps partagée a pris fin le jour où la maladie a rendu les moindres contacts physiques douloureux. Les oreillers se sont alors mis à prendre beaucoup de place, tant à la tête du malade qu'à ses côtés. Madame S. se souviendra longtemps de ce samedi où ils durent d'un commun accord se résigner à faire chambre à part, l'un et l'autre vaguement honteux, coupables de rejet et d'abandon en faisant ce geste incontournable et quasi sacrilège. Une véritable rupture déjà, une autre... Elle s'est donc installée pour un temps dans la chambre d'à côté mais, lassée de se lever à toute heure de la nuit et craignant de ne pas entendre les appels de son mari, elle s'est finalement décidée à dormir dans ce fauteuil, aussi longtemps qu'il le faudra. «Je serai plus près de toi», lui a-t-elle dit. Mais plus ça va, plus elle se sent exclue de sa propre chambre, comme si la maladie, non satisfaite de meurtrir son mari et d'occuper tout l'espace en territoire conquis, faisait du même coup de l'épouse une étrangère. Quelle absurde et cruelle injustice!

Tout a commencé il y a environ six mois, quand monsieur S. a ressenti les premières douleurs suspectes. Les examens ont rapidement révélé un cancer avancé des poumons avec métastases généralisées. Monsieur S. venait à peine d'entamer sa retraite.

Le monde a chaviré. Première rupture: le temps brisé, haché. Le quotidien menacé, les habitudes bouleversées par les examens et les traitements. L'espoir et l'incertitude mêlés, s'immisçant dans chaque geste et chaque pensée. Une lutte de tous les instants malgré la fatigue et l'inquiétude. La maison sens dessus dessous, les jours et les nuits confondus, les craintes, les questions, les tensions. La routine éclatée. Un quotidien désorganisé par la maladie, cette intruse envahissante qui ronge chaque jour le temps présent et morcelle déjà le futur.

Au-delà du quotidien, la rupture s'annonce déjà dans l'avenir, entamé lui aussi. Mais c'est le quotidien, précisément, qui façonne et bâtit l'avenir. Comment fonctionner quand il se disloque de toutes parts? Comment s'adapter à la situation au jour le jour et se préparer à ce qui va suivre? Comment maintenir jusqu'au bout une qualité de vie pour chaque membre de la famille? Heureusement, madame S. peut compter sur une bonne communication entre elle et son mari, sur la présence constante, malgré leurs occupations, de leurs enfants, sur l'aide d'une infirmière visiteuse ainsi que sur la sollicitude et le soutien pratique de quelques amis et voisins.

* * *

Autre jour, autre lieu. À l'unité des soins palliatifs, c'est relativement calme. Un de ces rares moments où chacun peut reprendre son souffle avant d'affronter des moments difficiles. Béatrice, la bénévole en poste, prend quelques minutes de repos et se prépare à faire visiter l'endroit à un futur patient accompagné de sa femme. Le médecin et la travailleuse sociale ont déjà rencontré, évalué et préparé ce patient et cette famille qui, après l'annonce du diagnostic, ont cheminé péniblement vers l'étape cruciale suivante, celle du transfert à l'unité, qui devrait avoir lieu dans quelques jours. La visite, premier contact avec le lieu du séjour ultime, peut être déterminante pour le patient et sa famille. Consciente de l'impact positif de l'accueil, Béatrice va chercher le patient dans sa chambre actuelle et revient avec lui, sa femme et l'une de leurs filles. Avec toute la chaleur, la douceur et l'empathie dont elle est capable, elle leur montre les lieux. Le patient aurait bien aimé voir une chambre, mais aucune n'étant libre, il n'a pu qu'entrevoir son futur chez-soi.

Le couple pose de nombreuses questions concernant les heures de visite et les personnes autorisées, les effets personnels permis, les repas et les petites douceurs apportées de l'extérieur, le rythme du quotidien, le fonctionnement des équipes soignante et bénévole. Le ton, les regards, les postures en disent long sur le tourment intérieur des conjoints. Bien des interrogations restent silencieuses. Mais qui peut vraiment imaginer le tourbillon des pensées qui se bousculent dans la tête du patient et des siens, la tempête des émotions qui les agitent? Qui peut vraiment saisir toute l'ampleur du drame qu'ils vivent? Aussi Béatrice se fait-elle enveloppante, rassurante. Elle se met à l'écoute. La visite de l'unité terminée, elle leur propose de s'asseoir à la cuisinette et d'y rester aussi longtemps qu'ils le désirent.

Monsieur B. se bat contre la maladie depuis cinq ans. Cinq longues années au cours desquelles il a subi plusieurs interventions chirurgicales, des traitements de chimiothérapie et de radiothérapie. Pendant une période de rémission de près de trois ans il s'est même plié à des séances de physiothérapie qui l'ont aidé à rester autonome et à garder espoir. C'est un combatif, il en a encaissé! Mais depuis trois mois, rien ne va plus, la partie est perdue et il le sait. Après ce qu'il a souffert, après toute l'énergie consacrée à se battre pour sortir gagnant, la défaite est dure à accepter. Le plus difficile a été de se faire à l'idée des soins palliatifs. Abdiquer, capituler? Jamais il ne pensait en arriver là!

D'abord, il a voulu connaître toute la vérité sur la gravité de son état. Puis il a réfléchi, seul, en ressassant les sombres pensées qui l'assaillaient face à ce grand vide devant lui, devant sa vie et celle des siens. Incroyable qu'un vide puisse prendre autant de place! «En somme, toutes les portes se ferment devant moi, je ne vais plus nulle part», dit-il un jour à son médecin. Vraiment dur à prendre!

Cependant, graduellement, une autre porte s'est ouverte devant monsieur B. pour un temps indéterminé. Il a voulu informer lui-même sa famille et a demandé à visiter l'unité en vue de se préparer psychologiquement à un éventuel transfert.

Et ce moment se rapproche à grands pas.

La visite marque un tournant décisif. Dans la cuisinette — comme elle évoque des choses cette pièce où flotte une odeur de café et de pain rôti! — monsieur B. et sa famille vivent un moment douloureux de transition et d'adaptation. Le chagrin et l'incertitude se lisent sur leurs visages. Comment, se demandent-ils, les choses vont-elles se passer dans les jours qui viennent? Le patient sera-t-il bien soigné? Souffrira-t-il? Trouvera-t-il à l'unité un peu d'apaisement et de réconfort? Y aura-t-il assez de temps pour tout ce qui reste à faire et à dire?

CHAPITRE II

Le choc du diagnostic

Quoi dire et quoi faire, comment se comporter avec l'être aimé atteint d'une maladie mortelle? Comment l'aider et le réconforter? Comment agir avec les autres membres de la famille? Comment s'aider soi-même et faire face à la crise? Ce ne sont là que quelques-unes des questions qui surgissent à l'annonce de la gravité de la maladie. Mais avant de chercher des éléments de réponses, il est important de comprendre les effets du diagnostic sur les membres de la famille. Ces effets se manifestent de deux façons: d'une part, la rupture ou, à tout le moins, l'ébranlement de l'équilibre familial; d'autre part, et précisément, les réactions consécutives à ce déséquilibre dans le groupe entier et en chacun de ses membres, réactions qui vont de la simple perturbation au dysfonctionnement marqué.

La famille constitue une microsociété fondée sur l'interrelation des liens affectifs, des rapports de force et de pouvoir qui s'exercent entre les membres du groupe et qui définissent leurs fonctions et rôles prédominants. La nature, la reconnaissance et le respect des liens et des rôles ainsi que la capacité de réaction de chaque membre déterminent l'équilibre fonctionnel de la famille. Cet équilibre est maintenu tant et aussi longtemps que les besoins et attentes, les droits et obligations de chacun sont comblés de manière satisfaisante pour tous. Bien entendu, les enjeux (estime de soi, affection, gratification, autorité, dépendance ou soumission, etc.) ainsi que les modes d'expression varient beaucoup selon les individus et les cultures. À cet égard, l'équilibre fonctionnel qui règne dans une famille peut sembler inacceptable aux yeux de certains et tout à fait satisfaisant pour d'autres. L'important, c'est que les rôles dans cette cellule soient, tacitement ou non, définis, acceptés et assumés dans un minimum de cohésion à l'intérieur de relations signifiantes.

La famille n'atteint un équilibre viable que si chaque membre y fonctionne bien; inversement, si l'un d'eux est affecté, tout l'ensemble s'en ressent de quelque façon. Or si l'on fait abstraction de cas particuliers, tels que les guerres ou les catastrophes, c'est l'addition, la perte ou les dysfonctionnements d'un membre qui perturbent l'équilibre de l'unité familiale. (La naissance ou le départ d'un enfant, l'hébergement d'un parent ou d'un ami, sans parler de décès, autant d'exemples qui nous sont familiers.) C'est pourquoi le diagnostic de maladie qui frappe l'un de ses membres déstabilise l'équilibre de la famille entière. L'impact et les répercussions de ce déséquilibre dépendent de multiples facteurs que nous regroupons en quatre catégories:

1. le type de maladie;
2. la structure familiale et la place de chaque individu dans la famille;
3. la personnalité des membres de la famille;
4. l'information et le soutien que le patient et les membres de la famille reçoivent.

Ces facteurs étant tous interreliés, aucun d'entre eux ne prédomine.

Le type de maladie

Toutes les maladies graves n'ont pas le même déroulement, les mêmes conséquences physiques et psychologiques, ni la même durée. Certaines se déclarent subitement; d'autres, progressivement. Elles peuvent évoluer lentement ou rapidement, foudroyer le malade et ses proches ou se prolonger.

Les maladies dégénératives sont plus ou moins invalidantes physiquement et psychologiquement. Certaines maladies terminales mutilent le corps, alors que d'autres le transforment peu ou même pas du tout. Le degré de souffrance mentale ou de douleur physique provoqué par la maladie varie énormément d'un patient à l'autre. La diversité des symptômes et des plaies peut aussi être problématique. Les soins diffèrent grandement, allant des techniques de pointe constamment appliquées et rajustées de jour en jour, à la simple présence et aux soins de confort.

Le temps présente des aspects particuliers selon le genre de maladie: le temps qui reste à vivre au malade; le temps alloué aux soins, aux traitements et aux visites à l'hôpital, à l'accompagnement; le temps de se retourner, de s'organiser, de se préparer à l'éventualité de la mort; le temps réservé aux besoins de la famille, etc.

Chaque type de maladie entraîne donc en lui-même des répercussions physiques et psychologiques particulières, tant chez le malade que dans son entourage.

La structure familiale et la place de chaque individu dans la famille

Le déséquilibre est aussi fonction de la place et du rôle de chaque membre de la famille, en particulier du malade. Même dans un modèle donné, la prépondérance d'un membre peut se manifester différemment sur les plans affectif, physique, matériel, et se modifier avec le temps. Par exemple, les deux parents peuvent constituer des figures centrales d'égale importance sur le plan financier, tandis que l'un ou l'autre est perçu comme prédominant sur un autre plan par différents membres; le départ d'un membre qui était, jusqu'alors, pourvoyeur principal exige qu'un autre assume ce rôle; la naissance d'un enfant déplace les pôles d'attention et suscite souvent de la jalousie ou de l'insécurité chez les aînés; une sœur ou un frère plus âgés peuvent également prendre une grande partie des responsabilités parentales.

Dans une famille où les membres cohabitent pendant longtemps, il est inévitable que les rapports affectifs et fonctionnels se modifient, qu'ils soient d'autorité, de dépendance, d'affection ou autres. Malgré l'apparente stabilité de la structure de base, des modifications de rôles et de prédominance plus ou moins subtiles ou radicales s'effectuent au cours des années, et à plus forte raison lors d'événements perturbateurs.

Dans certaines communautés culturelles, les grands-parents sont vraiment intégrés dans le réseau affectif familial et prennent part aux décisions; leur déclin ou leur disparition peut donc entraîner un déséquilibre profond. Par ailleurs, à certaines époques et dans certains contextes familiaux, la mort d'un enfant était perçue et ressentie comme un événement courant et fatidique accepté avec plus ou moins de résignation. Il en va autrement dans notre société.

Finalement, quelles que soient les particularités de la famille, la maladie représente toujours un élément étranger qui perturbe son fonctionnement et déstabilise son équilibre. Dans les situations graves et prolongées, cet élément perturbateur finit même par être perçu comme bien plus qu'un parasite indésirable et passager, un «être» intrusif, une «présence» constante et quasi tangible, tellement il prend de la place dans la dynamique de la famille. C'est alors que l'identité et le rôle de la victime subissent de profondes transformations: elle devient malgré elle LE MALADE, une entité méconnaissable qui, en plus d'incarner la maladie, le malheur, occupe un poste centralisateur et monopolisateur drainant les énergies physiques et psychiques des proches. Tout l'espace physique et affectif est transformé par l'élément étranger perturbateur.

Au-delà des rôles comme tels, il faut aussi considérer la nature et l'intensité des liens affectifs, la place que chacun occupe dans la vie familiale sur le plan émotif. Ne tenons pas pour acquis qu'elle est la même pour tous. Une mère peut éprouver une préférence, secrète ou non, à l'égard de l'un de ses enfants, soit à cause de son âge, des circonstances de sa naissance, de ses qualités ou de toute autre raison. Un père enclin à considérer son enfant comme faible ou incapable peut avoir pris à son égard une grande distance affective. La maladie ou la perte d'autonomie d'un grand-père grincheux et manipulateur peut obliger la famille à l'intégrer dans son quotidien sans pour autant l'aimer davantage. Ces quelques exemples montrent que l'intensité émotive ressentie à l'annonce du diagnostic peut varier énormément et potentiellement générer de nombreux conflits intérieurs (ambivalence, amour-haine, ressentiment ou culpabilité, jalousie et déception, notamment).

Outre les bouleversements émotionnels, la déstabilisation se manifeste de façon concrète et préoccupante sur les plans pratique et matériel. La personne malade n'est plus en mesure d'effectuer les tâches qu'on attendait d'elle. S'il s'agit du pourvoyeur principal, comment va-t-on compenser la perte de revenus? S'il s'agit d'une personne nécessitant une attention et des soins constants, comment va-t-on répartir les tâches? Certaines activités doivent céder la place aux priorités. Les visites chez le médecin ou à l'hôpital, les traitements, l'administration de médicaments, l'achat d'appareils ou d'instruments, la réorganisation de la chambre et des repas, les changements d'horaires et d'habitudes déstabilisent tout le réseau familial.

La personnalité des membres de la famille

Chacun des membres de la famille a sa personnalité propre selon son âge, son sexe, son tempérament, ses apprentissages antérieurs, ses capacités psychologiques et fonctionnelles, son rythme d'évolution ou d'intégration, ses croyances et ses valeurs, ses intérêts et ses objectifs.

À circonstances égales, chaque individu n'a pas la même perception ni la même capacité d'intégration des événements. En admettant que l'on puisse placer en parallèle deux familles apparemment semblables sur le plan structurel (nombre, âge, sexe et rôle des membres) et que la maladie affecte au même moment le même membre de chaque famille, il faudrait encore prendre en considération les antécédents et les innombrables aspects de chaque personnalité. On peut facilement présumer que, dans cette expérience hypothétique, les réactions seraient très différentes d'une famille à l'autre. Cela revient à dire qu'il n'existe pas deux familles, deux dynamiques ou personnalités absolument identiques et que l'on ne peut jamais complètement comparer une expérience vécue à une autre.

En ce qui concerne le réseau affectif familial, ces différences de personnalité tissent la trame des liens relationnels et jouent un rôle important dans l'évolution des individus et du groupe. Si cela peut paraître une évidence, il n'en demeure pas moins que, très souvent, on attend des autres, on croit ou on espère qu'ils aient les mêmes pensées et ressentent les mêmes émotions que nous dans une circonstance donnée. Mais la réalité, bien différente, dérange ou déçoit, ce qui est fréquemment le cas chez les endeuillés d'une même famille, par exemple.

L'information et le soutien que le patient et les membres de la famille reçoivent

L'information et le soutien que les membres de la famille reçoivent et se donnent mutuellement sont d'autres facteurs importants qui influent sur le degré de sévérité du déséquilibre que provoque le diagnostic. Un système de communication ouvert, transparent et soutenant amenuise l'impact de la déstabilisation sur plusieurs plans: on affronte d'autant mieux un problème qu'on en évalue les implications avec réalisme, qu'on peut en discuter, se libérer de fortes tensions émotives et compter sur l'appui sincère et concret des autres.

Même si la situation suscite des moments d'incertitude, d'angoisse, de découragement et d'impuissance, il est réconfortant de pouvoir compter sur des repères éclairants, sur une présence compréhensive et des ressources assurées.

CHAPITRE III

D'autres réactions consécutives au diagnostic

«C'est injuste!» «S'il m'avait écoutée.» «Si j'avais été plus attentif.» «Si nous avions agi comme ci ou comme ça.» «Pourquoi n'avons-nous pas su à temps?» «Ce n'est pas vrai, pas possible! Il doit sûrement y avoir un traitement efficace.» «Pourquoi lui, si jeune, si bon, si actif, si proche?» «Comment allons-nous pouvoir y faire face?» La liste des si, des pourquoi et des comment, qui se bousculent dans un immense sentiment d'incompréhension et de colère, pourrait s'allonger indéfiniment.

Dans la vie, nous réagissons à toutes les situations de danger par des réflexes naturels de défense et d'adaptation qui consistent, en gros, à fuir, à affronter la menace ou à feindre de l'ignorer. Toutes ces réactions traduisent la **colère** et l'**angoisse** consécutives aux sentiments de frustration, de déplaisir et de peur ressentis devant la menace.

Selon les circonstances et les personnalités en cause, la peur est convertie spontanément en diverses stratégies perçues comme les plus adéquates à ce moment. Ainsi, dans un premier temps, telle personne réagit à l'agression par la fuite, telle autre par le combat, telle autre encore par la passivité. Mais ce n'est pas toujours aussi simple, les réactions s'enchaînant et se bousculant. La victime peut très bien, dans une deuxième phase, se raviser, feindre, retrouver ses moyens et adopter d'autres stratégies défensives. Après avoir fui, elle peut revenir et surprendre l'adversaire, comme elle peut fuir et capituler après l'avoir affronté, ou encore simuler l'inertie en rassemblant ses forces et ses ressources pour mieux lutter plus tard.

Cependant, il est souvent plus facile d'affronter un danger physique qu'un danger psychologique, l'angoisse engendrée par la maladie par exemple. Dans ce dernier cas, la menace est plus sourde, plus obscure ou diffuse, difficile à comprendre et à cerner; elle donne à la victime l'impression qu'elle n'a que peu ou pas d'emprise sur ce qu'elle craint et qu'elle est complètement à sa merci. Très souvent, les premiers sentiments de peur et de colère se chevauchent et suscitent diverses réactions confuses.

L'**incrédulité** est l'une des premières réactions courantes à l'annonce d'un diagnostic grave. Psychologiquement, il est très difficile de reconnaître d'emblée toute la réalité et l'ampleur d'un danger soudain et non prévu. Devant la difficulté d'absorber le choc de la menace, on cherche par tous les moyens à prouver — à **se** prouver surtout — qu'elle n'existe pas réellement, qu'elle n'est pas importante ou encore qu'il peut y avoir eu erreur sur la maladie, sur la personne ou sur le traitement. Cette incrédulité, qui se manifeste aussi bien chez la victime que chez ses proches, constitue un moyen défensif qui permet d'atténuer l'impact du choc et de s'habituer progressivement à la situation.

Parfois, l'incrédulité prend la forme d'une sorte de **torpeur** ou d'**engourdissement émotif** qui procure un effet anesthésiant. Lorsqu'elle atteint un degré de **négation** franche, elle traduit l'impossibilité psychologique plus profonde d'admettre la réalité. Le déni est une réaction fréquente qui peut n'être que passagère ou persister jusqu'au décès, ou encore alterner avec des périodes d'acceptation apparente.

D'autres personnes expriment leur désarroi par la **colère** ou une forme quelconque d'**hostilité** ou d'**agressivité**. Certes, on peut s'en prendre à la source du problème («Maudite maladie!»), mais celle-ci n'entend pas, ne réagit pas. Il est donc plus normal et facile (c'est humain) de diriger sa colère vers le malade, les personnes ou circonstances ayant pu causer la maladie, vers les médecins ou le personnel soignant ou n'importe qui se trouvant à proximité — donc fréquemment vers l'entourage immédiat. Qu'elle soit justifiée (dans les cas où les causes réelles sont clairement identifiées) ou totalement irrationnelle, l'agressivité est en soi, et dans une certaine mesure, un sain exutoire à la colère qu'il est ni souhaitable ni utile de réprimer. Bien entendu, elle est néanmoins difficile à supporter; elle suscite l'incompréhension et soulève des tensions qui risquent de provoquer en retour davantage d'hostilité et de générer un cercle vicieux de conflits relationnels. Il est donc important de ne pas subir passivement ses conséquences; il est préférable d'en comprendre les causes et les effets, d'en discuter et de chercher à convertir l'agressivité en comportements moins hostiles et plus positifs, bien que cela ne soit pas toujours possible.

Certaines personnes considèrent inacceptable psychologiquement l'expression d'agressivité; elles transforment alors inconsciemment le sentiment de colère en sentiment de **culpabilité**, dirigeant ainsi contre elles-mêmes l'hostilité engendrée par la menace. Il s'agit là encore d'une réaction instinctive chez certaines personnalités; elle leur permet de justifier les causes du problème et de se dégager d'une part de colère sans qu'elle ne menace les autres. Toutefois, la culpabilité exagérée ou prolongée risque, elle aussi, d'aggraver la situation et d'affaiblir les facultés combatives.

Il peut être rassurant de savoir que ni l'agressivité ni la culpabilité ne sont des comportements isolés et totalement inhibiteurs. En règle générale, elles font partie des moyens défensifs et offensifs qui permettent à la personne de réagir dans un deuxième temps, ou parallèlement, aux tout premiers sentiments de menace. Autrement dit, il est rare que la passivité auto-accusatrice ou que l'accusation dirigée contre autrui mobilise toutes les énergies physiques et psychiques d'une personne qui affronte une menace. Ces réactions vont généralement de pair avec le besoin de circonvenir le danger et une certaine détermination à lutter.

Le sentiment d'**impuissance** peut survenir à n'importe quel moment après l'annonce du diagnostic, mais il se manifeste fréquemment après les réactions décrites plus haut. Il s'agit aussi souvent d'un sentiment mitigé, entrecoupé de périodes de découragement et d'espoir, de lassitude et de combativité, de résignation et de questionnement sur les meilleures façons d'agir. Au moment où la crise s'annonce, le sentiment d'impuissance n'est généralement pas, lui non plus, totalement inhibiteur de l'action. Dans une certaine mesure, il signale une prise de conscience de la gravité de la situation et des gestes qui restent à faire, bien que la personne ne sache pas encore clairement comment y parvenir. Il est alors capital qu'elle puisse compter sur des personnes-ressources déterminées à lutter de concert avec elle.

Le malade est la première personne concernée par la menace. Ses proches se sentiront assurément plus capables de l'accompagner et de le réconforter dans la mesure où ils comprendront les causes de son **angoisse**, laquelle est constituée de multiples composantes. En fait, il serait plus approprié de parler de plusieurs angoisses, les unes étant assez bien identifiées et compartimentées; les autres, plus diffuses ou subtiles. En voici une liste non exhaustive:

- craindre de ne pas surmonter l'épreuve, de ne pas recouvrer la santé, d'être mal soigné;
- ressentir les symptômes, la faiblesse et la fatigue physiques et émotives;
- souffrir ou avoir peur de souffrir de douleurs physiques et morales;
- avoir peur de perdre son image corporelle ou ses facultés mentales, d'être diminué, mutilé, incontinent;

- redouter de perdre son autonomie, de déranger et d'être un fardeau;
- craindre de ne pas être compris et accepté, d'être rejeté;
- se sentir agressé, déstabilisé;
- avoir peur de perdre l'estime de soi et de son entourage, de n'être plus aimé;
- se sentir coupable d'être la cause du problème;
- ressentir de la honte, de l'impuissance;
- craindre de ne plus contrôler sa destinée, d'être exploité, manipulé;
- appréhender de ne plus subvenir à ses besoins et à ceux de sa famille;
- envisager de renoncer à certains désirs, réalisations et projets;
- avoir peur de la dépression, de régresser, de s'effondrer, de perdre sa personnalité;
- craindre ses propres réactions et celles des autres;
- avoir peur de l'inconnu et de la mort;
- ressentir le chagrin de renoncer à tout, le sentiment de perte et de solitude;
- éprouver de la tristesse à se séparer des êtres aimés.

Pour les personnes liées affectivement au malade et, à un degré moindre, ses relations amicales et sociales, l'angoisse comporte aussi de multiples facettes:

- la culpabilité;
- la crainte de ne pas comprendre le malade, de ne pas savoir quoi dire ou quoi faire;
- la peur de ne pas savoir comment le soigner, l'aider, le réconforter, de ne pas comprendre ses besoins;
- la crainte de perdre son affection et de blesser son amour-propre;
- le sentiment d'être privé de son appui, de son apport affectif, sexuel, social, financier ou autre;
- la crainte de perdre un père, une mère, un frère ou une sœur, un modèle, un compagnon, un ami, etc.;

- la tension, la fatigue, le surcroît de travail, l'usure émotive et physique;
- la désorganisation dans toutes les dimensions du quotidien;
- l'hostilité et le ressentiment;
- la peur d'être «contaminé», envahi par la situation de crise;
- l'inquiétude face aux conséquences sur les autres membres de la famille ou à d'autres menaces éventuelles;
- la peur de ne pas être capable de surmonter la crise, de s'effondrer;
- l'appréhension face au déroulement des événements, à l'éventualité du décès;
- la crainte de se retrouver seul après le décès;
- le chagrin face aux multiples renoncements à venir.

Les réactions des enfants

Les enfants subissent les effets de la désorganisation et ressentent l'angoisse de façon particulière selon leur âge et la place qu'ils occupent dans la famille. De manière générale, plus ils sont jeunes, plus ils sont démunis. D'abord, ils ont davantage de difficultés à comprendre et à reconnaître la situation ainsi qu'à en mesurer toutes les conséquences. Ensuite, ils se trouvent dans l'incapacité d'exprimer clairement ce qu'ils ressentent, donc d'être compris, ce qui est frustrant. Enfin, comparés aux adultes, ils ont considérablement moins de moyens d'action pour affronter la crise (apprentissages, modèles, valeurs, moyens pour s'adapter et se défendre, points de référence). Ils en ont néanmoins quelques-uns, souvent aussi efficaces.

Bien qu'il soit tout à fait louable et compréhensible de vouloir protéger les enfants des expériences traumatisantes, il y a d'autres façons d'y parvenir que de camoufler la situation réelle ou de les maintenir à l'écart. De toute façon, malgré toutes les précautions que les adultes puissent prendre, ils sentent tous à leur manière, du plus jeune au plus âgé, que quelque chose ne fonctionne plus comme avant. Tenter de les éloigner leur laissera le sentiment que la situation est mystérieuse, taboue, terrible, sale. Ils se sentiront isolés, rejetés, moins aimés, insécurisés et se demanderont confusément pourquoi, dans les circonstances, on les prive de liens affectifs, jusqu'alors tant valorisés. Il est facile d'imaginer l'ampleur possible des répercussions futures de cette coupure émotive dans le cours de leur existence: «Quand survient une maladie ou un décès, ou tout autre événement traumatisant, il faut prendre une distance et ne pas vivre ses émotions.» Ce genre d'impression reste à jamais gravé et risque de ressurgir inconsciemment à l'occasion d'expériences pénibles. D'ailleurs, sans même avoir été délibérément écartés de telles situations par leurs parents, combien d'adultes disent aujourd'hui n'avoir jamais été confrontés à la maladie ou à la mort d'un proche et avouent ne pas savoir comment réagir?

Il serait plus souhaitable de préparer l'enfant aux réalités de la vie en l'encadrant et en laissant le cours des événements faire son œuvre. C'est aussi par les expériences de séparation que les enfants développent leurs facultés d'adaptation, et rien ne pourra jamais les préserver totalement de ces expériences qu'ils vivent selon leur propre niveau d'évolution: les pertes d'objets familiers, la mort d'un animal, les cycles de la nature, les déménagements et la disparition d'amis ou de parents, par exemple. Une façon de préparer l'enfant à la mort consiste à en parler ouvertement et sereinement, par exemple à l'occasion des funérailles d'une personne avec qui il n'a pas de liens affectifs importants.

L'enfant ressent aussi du chagrin, même s'il ne le manifeste pas à la manière des adultes. Il a besoin avant toute chose d'être entouré d'affection et de sécurité, mais aussi d'obtenir des réponses claires et franches à la mesure de sa compréhension. Il ne sert à rien, sous prétexte qu'il est trop jeune pour comprendre et supporter la situation, de travestir la réalité par des explications qui pourraient biaiser sa perception, provoquer de la confusion, créer d'autres angoisses, lui donner l'impression qu'on lui ment et susciter ainsi une perte de confiance. Il est très important néanmoins de lui offrir des choix acceptables, de ne pas le coincer dans ses émotions en l'obligeant à faire ce qu'il ne veut pas et de respecter ses décisions. Il est plus que probable que dans ces conditions, il choisira, sans se sentir menacé intérieurement, le comportement ou la réponse émotionnelle qui lui conviendra le mieux à ce moment-là.

Par ailleurs, l'enfant a besoin de se sentir intégré à part entière dans la vie de famille; il est très réconfortant et valorisant de savoir qu'il peut lui aussi, à sa mesure et à sa façon, soulager et aider les autres. Cela lui donnera le sentiment qu'il apporte sa contribution et qu'il occupe une place importante dans l'unité familiale.

CHAPITRE IV

Reconnaître la situation

Devant l'angoisse de l'inconnu, on cherche des réponses claires et compréhensibles qui permettent au moins d'évaluer avec réalisme les conséquences de la situation ainsi que les moyens de l'affronter. Dans les moments pénibles, on souhaite être rassuré, on cherche à se retrancher sur un terrain stable et sécurisant, on fait le tour du domaine et des ressources disponibles. «Pour supporter le difficile et l'inutile... pour oublier grande blessure... il y a le tour de l'île...», chante Félix Leclerc.

Nous avons tous en nous ces lieux rassurants de certitudes, de forces et d'espoirs, ces terres d'amitié, d'amour, de confiance et de foi, d'héritages et de partages. Mais quand, sous l'action des secousses, le sol se dérobe sous nos pieds, quand ces terres se morcellent et se dispersent en parcelles, il faut jeter des ponts, établir des voies de liaison, des lignes de raccordement. Les îles cessent alors d'être des terres perdues et deviennent des lieux privilégiés de retrait et de ressourcement. C'est aussi par les liens d'attachement que la solitude des grandes blessures transcende l'isolement.

Le fait de mourir est un morcellement de l'être, de l'espace et du temps ressenti par le malade et ses proches. Certes, la personne en fin de vie éprouve ce morcellement dans une certaine solitude intérieure puisqu'elle seule meurt et que personne ne peut partager cet état, ne peut la rejoindre dans son cheminement vers la mort. Cette solitude, angoissante en soi, peut également entraîner une anxiété à un deuxième niveau: l'être humain est un animal social qui ne désire pas, parfois malgré les apparences, mourir dans l'isolement total. De ce fait, maintenir le plus longtemps possible l'attachement du malade envers les siens peut adoucir son angoisse et le soutenir dans sa solitude, mais en même temps souligner le fossé entre leur statut de vivants et son statut de mourant. Ce besoin prolongé d'attachement et la nécessité d'un détachement forment une cruelle dynamique conflictuelle qui se manifeste souvent par des réactions ambivalentes perçues, entre autres, comme dénégation, rejet, abandon, repli sur soi, régression, éloignement émotif, et provoque des difficultés de communication.

Néanmoins, le patient reste jusqu'à sa mort en intercommunication avec les siens; il fait partie d'un réseau affectif dont chaque membre vit forcément, d'une certaine façon, sa mort en interaction avec lui. À ce niveau, la mort entraîne un morcellement du réseau entier, d'autant plus angoissant pour tous quand la communication est brouillée, voire carrément coupée. Aussi, les sous-entendus et les quiproquos, les mensonges et les secrets, les demi-vérités et les dissimulations n'ont-ils pour effet que de perturber la communication et d'accentuer l'anxiété. Cela prend souvent la dimension d'une véritable conspiration du silence. L'un des premiers et des plus efficaces moyens de la réduire consiste à aborder la question avec franchise et transparence dans un discours commun cohérent. Cela veut dire d'abord **reconnaître la situation** objectivement et sans faux-fuyants. Ce n'est pas une tâche facile, loin de là. Il faut dépasser la difficulté d'absorption ou la négation qui dressent si souvent un mur de silence entre les protagonistes, chacun essayant de protéger l'autre.

Qu'elle soit le fait du malade ou de ses proches, la négation reste parfois incontournable malgré la réalité qui s'impose, et tous les accompagnants connaissent la difficulté de composer avec elle. Ils doivent choisir les mots et les formulations, nuancer et doser leurs propos selon l'état de réceptivité des personnes en cause. Heureusement, la parole ne constitue pas la seule voie de communication: les regards, les gestes, les attitudes, le langage du cœur viennent souvent à la rescousse. Si le patient se retire dans le déni, ses proches peuvent au moins former un bloc solidaire et adopter une attitude cohérente d'affection et de soutien. L'important, c'est que tous se sentent sur la même longueur d'onde et qu'ils ne lui adressent pas des paroles contradictoires quant à son état, ni qu'ils tentent de lui faire croire le contraire de la vérité.

En fin de compte, le malade est le guide suprême. Même si cela semble parfois difficile, il est possible de respecter ses espoirs sans entretenir de fausses attentes. Dans un contexte de fin de vie, ces espoirs sont souvent à court terme. De plus, chaque geste et chaque pensée prennent une dimension particulière dans le moment présent. Tout comme les gens qui l'entourent, le malade ne garde pas un état d'esprit stable du matin au soir. Ses réactions, ses perceptions ainsi que sa façon d'aborder les sujets qui le préoccupent dépendent en grande partie de variables émotives et physiques qui peuvent fluctuer grandement. Son état de réceptivité et sa capacité d'intégrer les informations changent au cours de la journée. Il n'est pas nécessaire d'en dire plus que ce qu'il demande ou ce qu'il peut absorber: il faut respecter son rythme et ses dispositions.

Même s'il choisit jusqu'au bout le déni comme moyen défensif privilégié, le malade peut avoir par-dessus tout besoin de franchise, malgré la contradiction apparente. Il peut aussi, et ce n'est pas rare, vérifier les informations reçues. S'il pose une question directe, c'est qu'il désire probablement recevoir une réponse franche et se sent capable d'y faire face. Au fond, il connaît la vérité mieux que quiconque. Son propre corps lui parle; il lui donne les signes perceptibles les plus convaincants et les plus fiables, quoi qu'on puisse en penser de l'extérieur. Il a le choix de rester dans son île et néanmoins de se sentir relié à son réseau affectif, et non complètement isolé. Il appréciera alors l'amour et le soutien qu'on lui porte, bien plus que la dissimulation, même si elle est bien intentionnée.

Dans un autre ordre d'idées, puisqu'on parle souvent de la maladie comme d'un combat, prenons l'exemple classique du général qui lutte sur plusieurs fronts. Afin de diriger ses troupes, il doit pouvoir compter sur des lieutenants compétents, bien éclairés sur les faits, ainsi que sur des renseignements fiables. S'il reçoit et donne des informations fractionnées ou contradictoires, obscures ou incohérentes, son action ne sera pas concertée et il n'opposera à l'adversaire qu'une résistance affaiblie, démobilisée, inefficace. Or l'unité de combat étant en l'occurrence composée du malade, de ses proches et de divers soignants, il est important que tous s'entendent sur les moyens d'action.

À domicile ou à l'hôpital, que ce soit pour traiter les symptômes, soigner les plaies, soulager la douleur ou soutenir le moral, chacun a besoin de la collaboration des autres et d'être bien informé du déroulement et de l'issue des événements. De toute façon, il devient tôt ou tard impossible de vivre la gravité de la situation et de prétendre en même temps qu'elle n'est que bénigne; cela ne fait que reporter l'échéance de l'heure de vérité.

D'autre part, on peut se demander s'il est moral ou correct sur le plan éthique de laisser le patient dans l'ignorance ou la tromperie, de le priver de ses derniers droits: outre celui de comprendre ce qui lui arrive, et de ne pas se sentir manipulé, celui de planifier son départ et de mettre ses affaires en ordre, que celles-ci soient matérielles ou spirituelles. Il faut toutefois souligner un autre aspect capital dans le traitement de la vérité: si le patient est en période de dénégation profonde, lui imposer ou lui fournir trop rapidement des informations qu'il n'est pas en mesure d'accepter ou d'intégrer lucidement signifierait aller à l'encontre de ses «choix». Le malade peut mourir dans ces dispositions sans qu'il ne soit possible, ni même souhaitable, de les changer; il serait, au contraire, néfaste d'intervenir pour les modifier à tout prix. Particulièrement dans ces conditions, il est essentiel que tous les intervenants (soignants et accompagnants) adoptent une attitude et un langage communs et cohérents.

En résumé, pour des raisons à la fois morales et fonctionnelles, il est capital de **reconnaître la situation**, de **s'informer** et d'**informer les autres** sur ce qui se passe dans une intercommunication ouverte. Cela ne peut qu'atténuer l'effet de dysfonctionnement ainsi que réduire l'anxiété et renforcer les moyens d'action.

Au chapitre premier, nous évoquions les premières réactions de choc ressenties à l'annonce du diagnostic. Nous en sommes maintenant à l'étape des soins et des traitements, lesquels peuvent se prolonger de manière indéterminée. Au cours de ce stade, on retrouve souvent d'autres formes de culpabilité, d'agressivité ou d'impuissance. À ces sentiments s'ajoute un risque d'usure émotive et physique découlant du surcroît d'énergie à déployer, de la fatigue, des tensions accumulées, des doutes, des maladresses et de l'incertitude face au lendemain.

La situation étant clairement reconnue et dite, un autre moyen d'atténuer les inquiétudes et de mieux surmonter l'épreuve consiste à répartir les énergies, à obtenir du soutien psychologique et pratique et à respecter les besoins et les limites de chacun.

Ce qui nous amène de façon plus concrète à l'accompagnement.

DEUXIÈME PARTIE

L'accompagnement naturel

CHAPITRE V

Affronter la crise

Nous avons traité jusqu'ici des premiers effets du diagnostic alors que la crise ne faisait que s'annoncer. La présente partie est consacrée à l'accompagnement que vous, conjoint, enfant, parent ou ami, exercez auprès de l'être cher en fin de vie. Durant tout le temps de cet accompagnement, vous vivrez quantité d'émotions et vous poserez de nombreuses questions. En contact avec le malade, les considérations générales prennent une tout autre dimension et les réactions se vivent au quotidien.

La culpabilité

Bien qu'elle puisse surgir en tout temps, il s'avère important d'en finir avec la culpabilité pour maintenir l'équilibre psychique. Se reprocher la maladie de l'autre ne bénéficie à personne et ne fait que rendre l'accompagnement plus difficile. Plusieurs facteurs, complètement hors de notre responsabilité, peuvent causer la maladie. Il ne sert à rien de chercher parmi toutes les causes celles que l'on aurait pu éviter. Quelques-unes, peut-être même la plupart, ont pu se mettre en œuvre très longtemps avant l'apparition des symptômes. Bien sûr, certains facteurs (rythme de vie effréné, mauvaise alimentation, stress, tabagisme ou autres toxicomanies, virus, radiations solaires, etc.) ont pu jouer un rôle déclencheur. Mais on ne peut jamais tout contrôler selon ses désirs. L'existence ne se déroule pas toujours en accord avec nos souhaits et nos projets.

Il est important de faire comprendre aux jeunes enfants en particulier qu'ils ne sont pas responsables de la maladie de leurs aînés, de leurs parents ou de leurs amis. (Pour plus de détails sur les réactions des enfants, reportez-vous au chapitre VI, à la page 71.) Il faut les déculpabiliser et leur montrer qu'ils sont toujours aimés.

D'autre part, les conditions de l'accompagnement peuvent engendrer un autre genre de culpabilité. Par exemple, certaines personnes ont l'impression de ne pas faire ce qu'il faut; elles se sentent maladroites ou trop peu attentives aux besoins du malade et en arrivent même à croire qu'elles le soignent mal. D'autres peuvent se sentir coupables parce qu'elles ne sont pas à jour dans leur horaire ou qu'elles ne peuvent offrir toute la présence désirée, soit parce qu'une autre personne retient leur attention, soit parce que l'éloignement rend impossible de fréquentes visites au malade. Malgré toutes les bonnes intentions, ces situations s'avèrent inévitables. Chacun a ses limites physiques et psychologiques. Il y a des contraintes insurmontables et on ne peut tout connaître et maîtriser à la perfection. Il faut se dire, et mentionner au malade, que personne n'est parfait mais qu'on s'efforce d'agir au mieux de ses compétences et de ses disponibilités, qu'on fait son possible pour l'aider, compte tenu des circonstances.

L'impossibilité de garder le malade à domicile provoque souvent un sentiment de culpabilité dont il n'est pas facile de se départir. Il faut réaliser soi-même — et essayer de faire comprendre au malade, avec toute l'affection possible — qu'il ne s'agit pas d'un rejet ou d'un abandon, mais plutôt d'une nécessité. Il est important de demander aux soignants qui vont le prendre en charge de lui expliquer les raisons du changement et la façon dont il sera soigné; cela contribue à alléger le sentiment de culpabilité. Le fait de souligner que des personnes spécialisées seront plus en mesure d'effectuer les tâches que vous ne pouvez plus assumer (contrôler les symptômes, soulager la douleur ou assurer les soins de confort) peut améliorer la situation et la rendre plus vivable. Chacun a droit au repos et au ressourcement; la qualité de votre présence n'en sera que renforcée lors de vos visites à l'hôpital. Dans bien des cas, le maintien à domicile est préférable à l'hospitalisation, mais si la situation n'est plus tenable et si la décision est bien intentionnée et réfléchie, vous ne devez pas vous sentir coupable de vous libérer d'un fardeau devenu trop lourd. Beaucoup reste à faire, que vous seul pouvez accomplir. Tous les malades ne désirent pas nécessairement vivre leurs derniers moments à domicile; pour certains, l'hospitalisation est un choix valable.

Au cours de l'évolution de la maladie, dans les moments de fatigue émotive et physique ou de grand découragement, il peut vous arriver de souhaiter plus ou moins consciemment la mort du malade, laquelle mettrait fin à ses souffrances et à celles de vos proches ou aux vôtres en particulier. Vous pouvez même aller jusqu'à demander d'une façon ou d'une autre qu'on abrège sa vie. Bien qu'elles ne soient pas inhumaines ou monstrueuses, ces pensées peuvent être culpabilisantes. Il peut être réconfortant d'en parler avec une personne en qui vous avez confiance et qui ne vous jugera pas.

Il se peut que vous vous sentiez coupable d'être en bonne santé et de vous plaindre «sans raison» (alors que l'être aimé malade, lui, en a de plus sérieuses de le faire), de ne pas vous occuper assez des autres membres de la famille ou encore de continuer à vous adonner à certaines formes de loisirs et d'entretenir des relations sociales, bref de jouir de la vie. Ce n'est pas inhumain non plus. Au contraire, il est vital pour votre équilibre que vous restiez en contact avec vos sources de gratification et de valorisation.

Le ressentiment

Il est plus que probable que vous éprouviez à certains moments, et plus ou moins consciemment, une forme de ressentiment à l'égard du malade. Soit parce qu'il ne prenait pas soin de sa santé, qu'il faisait des excès ou ne tenait pas compte des conseils et des mises en garde, soit à cause de tout ce dont il vous prive ou encore de tous les problèmes et les charges qu'il vous impose maintenant et pour l'avenir. En deux mots, vous lui en voulez d'être malade et de vous quitter. Vous savez que le moment n'est pas à la rancune et aux récriminations, mais vous ne pouvez vous empêcher d'éprouver ces sentiments, d'ailleurs entremêlés d'autres regrets et reproches concernant le passé.

Ces émotions, humaines et bien compréhensibles, peuvent être culpabilisantes pour vous et pour le malade. Dans certaines conditions, si son état et la relation qui existe entre vous le permettent, il est possible et même salutaire d'en parler ouvertement et calmement, en évitant le ton accusateur. Si la communication a toujours été bonne entre vous, il est probable qu'il comprenne votre peine et ne vous tienne pas rigueur d'exprimer vos déceptions et vos frustrations. Même s'il se sent un peu coupable, cela peut le soulager d'en discuter. Cet échange peut libérer chacun d'une tension sourde et de sentiments amers qui brouillent la communication, permettent de «crever l'abcès» et d'employer plus utilement le temps qui reste.

Si vous vous sentez incapable d'aborder la question directement, certains intermédiaires (médecin, infirmière, travailleuse sociale, agent de pastorale, psychologue, bénévole ou ami, par exemple) peuvent vous aider. Il n'est jamais sain de garder la rancœur en soi; elle ne laisse qu'amertume et regrets. Il serait plus souhaitable d'essayer de parvenir à une forme d'oubli et de pardon.

La désorganisation

Sur le plan psychique, la désorganisation se manifeste par une sorte de torpeur, un sentiment d'irréalité: on ne peut vraiment croire que ce qui arrive est vrai; parfois, on ressent un genre d'engourdissement émotif comme si on était peu affecté par les événements. On tourne en rond sans but précis ou on éprouve une difficulté à mémoriser ou à se concentrer, à terminer les tâches et à prendre les décisions. La désorganisation peut aller jusqu'à une forme mineure de confusion. Ces réactions signifient qu'on a de la difficulté à absorber l'impact de l'événement; c'est une sorte d'effet qui anesthésie la conscience et permet d'intégrer progressivement la réalité.

Sur le plan pratique cependant, l'on ressent à coup sûr les effets du bouleversement de la routine: changements des horaires et des activités, de la composition et de l'heure des repas, des habitudes de sommeil, des moments intimes, des activités communes par exemple. Il faut faire des dépenses imprévues, rajuster le budget, voire chercher des revenus supplémentaires. Tout cela a des répercussions sur les plans physique et affectif. Il est important de faire un effort pour ne pas se laisser submerger par les événements et se concentrer sur les priorités, de continuer à bien s'alimenter en modifiant au besoin les menus selon l'appétit et de s'accorder autant que possible de bonnes périodes de repos et de loisirs.

Si vous ne manifestez pas vos besoins, certains amis ou membres de votre famille peuvent penser que vous vous débrouillez bien sans eux et ne pas vous proposer leur aide, alors qu'elle vous serait salutaire. Il ne faut pas hésiter à demander leur assistance et à leur déléguer certaines tâches. Il est rassurant de rester en contact étroit avec son médecin et de profiter d'un soutien médical et infirmier suivi.

L'indignation

L'intensité de ce sentiment dépend de facteurs personnels, tels que les expériences antérieures concernant la maladie et la mort, les facultés d'adaptation et de résignation, la capacité d'intégration, l'âge, les croyances, et de facteurs circonstanciels comme l'âge du malade et ses liens affectifs, les conditions de la maladie, ses effets, son évolution et sa durée.

L'indignation exprime plusieurs formes de révolte, d'incompréhension et de frustration: «Pourquoi mon bébé?» (l'aveugle cruauté du destin); «Une crise cardiaque donne une mort plus rapide» (les souffrances infligées par la maladie); «Elle est si âgée et souffre depuis si longtemps, pourquoi ne meurt-elle pas?» (la souffrance et l'usure émotive des proches); «Pourquoi lui, maintenant?» (nous aurions pu continuer à être heureux); «Ma mère est trop jeune pour mourir» (l'angoisse d'un grand vide affectif); «Dans son état de demi-vie prolongée, la mort serait plus acceptable» (un lourd fardeau à assumer).

Les exemples se multiplient à l'infini. Personne, à moins d'être un saint, ne peut supporter la maladie et la mort d'un être cher sans éprouver une forme de révolte et de colère. On parle beaucoup d'une certaine étape d'acceptation (chez les mourants et ceux qui restent). Les gens nous demandent souvent comment procéder pour amener les malades et les personnes endeuillées à accepter la situation. Dans les faits ce n'est pas si simple. Il est bien difficile de dire objectivement qui meurt dans la sérénité et l'acceptation totale. Certains malades disent accepter leur mort prochaine et meurent néanmoins plus ou moins angoissés; d'autres, extrêmement révoltés, parviennent à un certain calme intérieur. Qui finit par accepter complètement cette épreuve douloureuse? Qui parvient à résoudre entièrement tel deuil important? Et quel accompagnant ne ressent pas des bouffées de révolte et d'injustice, particulièrement dans les moments de découragement? Accepter sous-tend l'idée de donner son accord, son consentement. Il nous paraît exagéré de prétendre que tous les mourants parviennent à cet état d'esprit. Parfois peut-être y arrivent-ils. Mais qui, parmi les bien-portants, peut vraiment dire jusqu'à quel point? Nous préférons nous rapporter aux notions de renoncement, d'abandon et de résignation.

Dans ces moments-là, les gestes d'affection et de soins, les liens affectifs et la valeur accordée à l'instant présent sont souvent de grands réconforts. Il est sain de pouvoir exprimer vos sentiments à ceux qui vous entourent et même, si les conditions le permettent, au malade. Il les ressent lui aussi et peut sûrement vous comprendre et vous réconforter à son tour.

À l'éternelle question «Quel est le sens de tout cela?», il n'y a peut-être que les réponses qu'on se donne avec le temps.

L'ambivalence

L'ambivalence se manifeste fréquemment au cours de l'existence, dans les gestes et les attitudes, les désirs et les sentiments, les pensées et les comportements: «J'hésite entre faire ceci ou cela», «Les deux m'intéressent, lequel choisir?», «D'un côté oui, mais d'un autre côté non», «J'y crois et j'espère beaucoup, en même temps je doute énormément». Habituellement vite résolue dans les faits courants, l'ambivalence est plus conflictuelle et déchirante dans les situations de crise. Quand la maladie et la mort remettent profondément en question les relations affectives et l'organisation du quotidien, il n'est pas surprenant — ni anormal — de ressentir ce genre de tiraillement parfois excessif, toujours bouleversant.

Il est presque inévitable que cela vous arrive durant votre accompagnement du malade. Par exemple, il se peut que vous vous disiez: «Je l'aime tant, et pourtant, je lui en veux d'être malade», «Je souhaite que la mort mette fin à ses souffrances, mais je voudrais le garder près de moi», «Je dois être avec lui jusqu'au bout, mais je ne peux plus supporter la situation», «Elle compte sur moi, je lui ai promis de m'occuper d'elle, mais je dois aussi veiller à mes besoins».

Il existe également une forme d'ambivalence plus ancrée, profondément rattachée à la nature même de la relation; au fond, les circonstances dramatiques n'y changent rien; elles la mettent davantage en évidence, tout simplement. Ainsi, dans une situation de crise, il n'est pas rare que l'un ou l'autre réalise que l'être «proche» n'est pas aussi précieux ou affectionné qu'on le pensait, mais que, malgré tout, on se sente humainement et moralement dans l'obligation d'en prendre soin. Il n'est pas forcément odieux ni inhumain de réagir ainsi, mais le fait d'en parler à une personne compréhensive et neutre peut soulager et déculpabiliser.

L'impuissance

L'impression d'être dépassé par les événements et de se sentir incapable d'y faire face peut surgir à n'importe quel moment dans l'accompagnement, dans maintes situations concernant le malade, vous-même ou les membres de la famille.

Au début de la maladie, déjà, vous pouvez vous sentir incapable d'aborder la vérité et cela peut nuire à l'établissement d'un plan d'action efficace. Ensuite, il est possible que vous ressentiez une première vague d'impuissance devant l'ampleur de ce qu'il reste à faire. À certains moments, vous aurez même le sentiment que quoi que vous fassiez pour le malade, ce sera mal perçu, même repoussé ou critiqué, et vous vous sentirez incapable de le soigner et de le réconforter. Il est utile de se rappeler que le malade ressent lui aussi de l'impuissance et que sa souffrance intérieure peut le pousser à réagir de façon brusque et irraisonnée, l'embrouiller dans ses émotions et ses comportements; ses critiques ou son agressivité ne sont qu'une manière d'exprimer sa colère. L'impuissance est parfois plus flagrante en ce qui concerne le confort du malade et les soins: «Est-ce vraiment ce qu'il désire?», «Est-ce que je m'y prends bien?», «Quoi faire d'autre et quoi dire pour mieux l'aider?», «Il souffre et je ne peux rien pour le soulager». Certains se sentent plus à l'aise dans l'accompagnement psychologique que dans les soins physiques. Par contre, d'autres personnes se sentent démunies et inutiles en restant inactives et ont besoin de faire des gestes concrets pour se sentir utiles. À certains moments, le malade adoptera des comportements inattendus, ses réactions physiques seront incontrôlables; ou vous vous sentirez incapable de répondre à ses réflexions ou à ses questions.

Le fait de partager vos difficultés, de permettre à d'autres de prendre votre place parfois sans vous sentir rejeté ou dévalorisé, peut vous aider grandement. Une approche différente, et à laquelle vous n'aviez peut-être pas pensé ou qui ne vous convient pas, peut s'avérer plus appropriée à l'occasion. Acceptez de ne pas remettre constamment en question vos gestes et attitudes, que certaines choses sont hors de votre contrôle et que vous faites pour le mieux. Chacun a ses attentes et ses limites particulières; personne n'attend de vous des gestes surhumains.

L'appréhension

Tout au long de l'accompagnement, de nombreuses questions se posent quant à vos façons d'aborder le malade et de le soigner, vos réactions et celles de vos proches, les meilleures façons de vous adapter à la situation au jour le jour, la souffrance physique et morale du malade et le changement progressif de son état, la résistance de l'unité familiale. Comment tout mener de front?

Malgré l'accent mis sur le moment présent, prioritaire tout au long de l'évolution, les inquiétudes, les peurs et les incertitudes concernant l'avenir pointent déjà, il est impossible de les écarter complètement. À mesure que l'éventualité de la mort se précise et se rapproche, les préoccupations changent. Tout ce qui a été entrepris depuis le début de la maladie se modifie progressivement. Comment s'adapter à cette nouvelle situation? Quelles dispositions prendre pour veiller le malade à ses dernières heures? Comment cela se passera-t-il au moment du décès et comment réagir? Il est sain d'exprimer ses inquiétudes et ses appréhensions quand elles se manifestent. Le déroulement de la fin est parfois prévisible, du moins dans ses grandes lignes; certaines réponses, sans être absolues, peuvent vous éclairer et vous guider. Le médecin traitant ou l'infirmière sont les personnes les plus aptes à vous renseigner. (Nous reviendrons plus spécifiquement sur l'accompagnement des derniers moments.)

La tristesse et la solitude

Tout au long de votre cheminement avec le malade, qu'il soit bref ou prolongé, la tristesse sera souvent votre compagne de route. Quelquefois, vous pourrez la partager avec vos enfants, parents ou amis, et même avec le malade. Pourquoi chercher à lui cacher ce qu'il perçoit de toute façon? Lui aussi, peut-être plus que vous qui êtes rattaché à la vie, ressent une tristesse infinie de vous quitter, de tout abandonner.

Bien souvent dans ces circonstances, les mots sont inutiles. Lui prendre la main ou rester près de lui en laissant tout simplement aller votre chagrin peut s'avérer réconfortant. Quels que soient son état et ses réactions, il est probable qu'il vous comprenne davantage que vous ne le croyez.

Beaucoup de gens se refusent à pleurer devant le malade de peur de l'ébranler émotivement. Cela peut être vrai, particulièrement s'il est en période de dénégation. Cependant, si vous le ménagez à tout prix, cachez vos réactions normales et légitimes et prétendez ne pas être affecté par la situation, il peut avoir l'impression qu'il ne compte pas pour vous, que son état vous touche peu et que vous avez déjà coupé les liens qui vous rattachent à lui. S'il vous demande pourquoi vous pleurez, vous pouvez lui répondre doucement que vous avez de la peine qu'il soit malade. Il ne sera peut-être pas nécessaire d'en dire plus; cet aveu pourrait même être l'occasion d'un échange sur vos moments de nostalgie.

Parfois aussi, vous aurez l'impression d'être le seul membre de la famille à être affecté par les événements, de ne pouvoir partager ce que vous ressentez, d'être seul, isolé ou abandonné. Vous pouvez aussi pressentir votre solitude future ou même l'éprouver maintenant du simple fait que le malade n'est plus la même personne qui partageait votre vie auparavant. Dans ces moments-là, il peut être utile de vous rattacher à d'autres sources d'intérêts, d'attention, d'affection et d'échanger sur vos émotions et inquiétudes avec des personnes dignes de confiance. N'hésitez pas à confier vos sentiments aux proches qui vous ont prouvé leur amitié et leur solidarité. Ils n'osent peut-être pas vous déranger ou entrer dans votre vie privée mais ils sont là, disposés, la plupart du temps, à vous aider physiquement ou moralement. Les épreuves sont souvent moins lourdes quand elles sont partagées.

CHAPITRE VI

Les réactions des enfants

À l'instar des adultes, plusieurs facteurs (âge, sexe, personnalité, antécédents, place dans la famille) influencent les comportements des enfants face aux bouleversements affectifs et fonctionnels consécutifs à la maladie. Leurs réactions varient selon leur perception de l'événement, les circonstances et le déroulement de la maladie. La diversité et l'importance de ces facteurs influent directement sur les formes d'expression des émotions. Il existe très tôt dans l'enfance de nombreuses différences individuelles concernant le type et l'intensité des réactions affectives ainsi que leurs formes d'expression. Certaines de ces différences semblent reliées à l'hérédité, d'autres dépendent davantage des causes environnementales. Quoi qu'il en soit, chaque enfant a des réactions qui lui sont propres.

Le bas âge

Les réactions de l'enfant en bas âge sont très égocentriques. Il ne comprend pas toutes les conséquences et l'issue de la maladie, mais il est sensible aux changements qu'elle provoque dans la famille, particulièrement au surcroît d'attention prodiguée au malade. Il ne se sent plus le centre d'intérêt privilégié et il éprouve parfois un sentiment de privation sur le plan affectif. Inconsciemment, il jalouse les soins accordés au malade, et ce sentiment provoque en lui une insécurité qui risque d'accentuer sa crainte naturelle d'être abandonné, séparé de la personne qui s'en occupe. Il réagit alors par des manifestations de colère.

L'aide d'une sœur ou d'un frère aîné, d'un grand-parent ou d'une voisine qui en prendrait soin pendant l'absence de la mère, du père ou d'une autre personne importante dans sa vie pourrait atténuer le sentiment d'insécurité de l'enfant. Si cette solution est impossible, le fait de valoriser au maximum les moments passés avec lui peut parvenir à le rassurer. Sans le surprotéger, il importe donc de lui donner les preuves d'affection qu'il attend, de continuer d'encourager l'expression de ses émotions joyeuses malgré le contraste entre sa bonne humeur et celle plus sombre de son entourage. Car même s'il perçoit ce climat, il n'en comprend pas les causes ni ce qui l'empêcherait d'exprimer ses élans de gaieté spontanés. Il serait malsain d'utiliser la crainte, la menace ou les représailles pour l'amener à changer ses comportements et à s'adapter à une situation qu'il ne comprend pas.

Par ailleurs, il n'est pas nécessairement souhaitable d'éloigner l'enfant de la personne malade; très souvent, son bavardage et ses gestes réconfortent le malade et ramènent un peu d'animation autour de lui. Bien sûr, selon son état, le bruit et l'agitation peuvent l'agacer, mais les rires et même parfois les pleurs d'un enfant sont moins déprimants qu'un lourd silence.

L'âge préscolaire

La même insécurité foncière risque de se manifester à l'âge préscolaire même si l'enfant prend davantage conscience de ses émotions et des conséquences de la maladie.

Puisqu'il a vu certains de ses aînés ou de ses camarades malades et qu'il a lui-même été atteint par les premières affections infantiles et les inévitables petits bobos, il connaît certains aspects de la maladie pour les avoir déjà éprouvés; d'autres lui échappent totalement cependant.

À cet âge, l'enfant pose d'incessantes questions sur tout. Il cherche à comprendre, à vérifier, à manipuler et à contrôler son environnement. Il n'est pas surprenant qu'il questionne sans cesse ou fasse des commentaires qui semblent saugrenus, déplacés ou cruels. Par exemple, «J'aimerais bien que maman soit morte, comme ça je pourrais me marier avec papa», «Quand mon frère sera mort, j'aurai tous ses jouets», «Dis grand-maman, c'est vrai que tu vas mourir, tu ne seras plus malade quand tu reviendras?». Dans ces cas-là, il est préférable d'expliquer plutôt que de réprimander ou de punir, car, plus tard, l'enfant pourrait associer la mort de la personne à ses comportements et ressentir de la culpabilité.

L'enfant utilise beaucoup le jeu comme forme d'expression. Pour lui, le caractère symbolique du jeu le rend plus facile et moins menaçant que la parole et il lui permet d'exprimer ses pensées et d'extérioriser ses émotions. L'enfant extériorise sans risque ses craintes, ses frustrations et son agressivité inconsciente en jouant au malade et au docteur, à la maman et à l'infirmière, à des jeux violents (les garçons surtout). Parfois, il peut aussi se renfermer et paraître insensible, voire cruel aux yeux des adultes, ou afficher une indifférence totale aux événements qui surviennent dans son entourage. Tous ces comportements représentent pourtant différentes tentatives maladroites de maîtriser la situation, de contrôler ses préoccupations et d'exprimer ses peurs, sa colère ou sa tristesse.

À l'âge préscolaire, l'enfant a la sensation d'avoir un formidable pouvoir magique sur les choses et les événements; en même temps, il découvre la réalité des contraintes extérieures et ses limites. Il peut tenter d'explorer la maladie de l'être aimé de la même façon qu'il s'interroge sur toutes les choses de la vie. Il est donc très important qu'il intègre ses apprentissages dans un climat de valorisation et de confiance en soi, sans en ressentir de la culpabilité. Il est nécessaire qu'il se sente libre de poser toutes les questions qui lui viennent à l'esprit. Une réponse simple et rassurante, à la mesure de sa compréhension et qui n'outrepasse pas ses demandes, devrait le satisfaire.

Souvent l'enfant est porté naturellement à offrir des témoignages de son affection ou de son chagrin (fleurs, dessins, petits objets ou gâteries, mots tendres et mille gestes spontanés). Il faut l'encourager dans ces manifestations, car c'est peut-être la seule façon qu'il a trouvée pour aider et prouver son affection. Il cherche à être apprécié, valorisé et aimé en retour.

L'âge scolaire

Au moment où son image prend une importance capitale, où l'identité sexuelle se précise et se stabilise, l'enfant s'inquiète d'une possible mutilation ou destruction de son corps et cette crainte s'ajoute à celle d'être séparé de sa mère. Ces tourments intérieurs, qui font partie du développement normal de l'enfant, sont exacerbés et plus perturbants quand l'un des siens est gravement atteint et menacé de mort. La vue ou le contact avec un malade souffrant, au visage émacié, qui présente quelquefois des plaies ou des difformités, peuvent le troubler ou l'effrayer. Toutefois, l'on projette souvent nos propres frayeurs et inquiétudes sur l'enfant. S'il semble craintif ou épouvanté à l'idée de faire face à la personne malade, il est préférable de ne pas le forcer à la voir; il faut plutôt le préparer à la rencontre en procédant par étapes. Pour atténuer les craintes de l'enfant et l'empêcher de ne se fixer que sur l'aspect physique, il est utile de mettre l'accent sur les qualités du malade et sur les liens d'attachement qui existent entre eux. Il faut lui expliquer la situation en termes simples et rassurants de manière qu'il puisse comprendre, sans éprouver de la peur. On peut saisir l'occasion qui se présente de lui faire comprendre que la maladie rend parfois les personnes maigres, changées, faibles, impatientes ou même irritables et que l'on n'y peut rien, si ce n'est de continuer à les aimer. Il peut être utile de renseigner l'enfant sur les soins d'hygiène et les précautions à prendre, au besoin. Il est aussi important de lui mentionner qu'il n'est aucunement responsable de la maladie de l'être cher. L'enfant sera rassuré d'entendre que toutes les personnes malades ne meurent pas, mais seulement celles qui ont des maladies très graves qu'on ne parvient pas à guérir. Autrement, il risquerait d'associer toutes les maladies à la mort.

En ce qui concerne les croyances mystiques ou religieuses qui font aussi partie des questionnements de l'enfant, une réponse simple et concrète, en accord avec l'enseignement inculqué, le rassurera. Le modèle de croyance qu'on lui a enseigné est encore celui qu'il acceptera le mieux et le seul auquel il sera en mesure de se référer. Il est préférable de mettre l'accent sur certaines valeurs humaines telles que la confiance et l'amour, l'équité et la compassion, la foi en un Dieu miséricordieux plutôt que sur des concepts abstraits qu'il ne peut intégrer. Par exemple, vous pouvez lui confier, à l'occasion, vos propres interrogations en lui disant que personne ne comprend vraiment le mystère de la maladie et de la mort et que vous n'avez pas plus de réponses que lui, ou encore valoriser les bonnes conditions de vie et de santé ainsi que les liens d'amour qui unissent les êtres. L'instant peut être propice aux échanges et bien choisi pour manifester à votre enfant à quel point il compte pour vous. Pourquoi ne pas profiter d'une conversation pour lui redonner le sentiment d'un certain contrôle sur la situation en lui démontrant comment il peut contribuer aux soins et au réconfort du malade, en valorisant ses marques d'attention et d'affection? En plus d'en retirer un précieux enseignement de générosité, sa confiance en lui sera renforcée et vous-même serez réconforté par son soutien.

L'adolescence

Les profonds bouleversements hormonaux, physiques et intellectuels que subit l'adolescent ont leur prolongement sur le plan des valeurs humaines et religieuses et sur les croyances relatives à la mort et à l'au-delà. Capable d'abstraction, l'adolescent anticipe la profonde tristesse et la solitude que provoque la grave maladie d'un être cher. Aux angoisses de séparation et de mutilation s'ajoutent souvent vers douze ans, alors que l'enfant pense à sa propre mort, les craintes de la suffocation, d'être enterré vivant, décomposé ou rongé; même chez certains adultes, on constate parfois des retours plus ou moins persistants de ces peurs irraisonnées. C'est dire à quel point elles ont marqué l'adolescent dans le développement de son identité psychosociale et sexuelle.

L'accompagnement ou le voisinage d'un être cher en fin de vie ne sont pas faciles pour l'adolescent, époque où il remet en question les enseignements reçus et acceptés jusque-là presque inconditionnellement. Mille et une interrogations l'assaillent alors: À quoi sert-il de vivre? Pourquoi est-ce si compliqué et pénible? Quel est le sens de la vie et de la mort? De la maladie et de la souffrance? De Dieu? Où est la justice humaine et divine? Pourquoi perd-on ceux qu'on aime?

À travers ces douloureuses questions, il cherche et s'affirme; cette quête est saine et normale, mais troublante. Dans cette période perturbée où il craint la confusion, la diffusion ou l'aliénation de sa personnalité encore mal définie, il n'est pas rare qu'il réagisse par une perte de motivation et de confiance, par le décrochage scolaire ou une forme de délinquance.

La maladie d'un membre de la famille peut signifier pour l'adolescent un changement de rôle majeur entraînant des contraintes qu'il ressent comme un fardeau et une entrave à son épanouissement: veiller aux soins des plus jeunes, se retrouver soutien de famille, prendre de nouvelles responsabilités, changer ou limiter ses loisirs et ses relations, entre autres modifications. Tout cela risque de l'amener à éprouver plus ou moins consciemment une forme de ressentiment à l'égard du malade, d'agressivité, même de dégoût de la vie ou encore un chambardement profond de ses projets d'avenir. C'est pourquoi il est alors primordial qu'il puisse se rattacher à des valeurs sûres et capitales pour lui: la fidélité et la solidarité, l'engagement et la loyauté, la franchise et l'amitié ainsi que la valorisation de soi dans la poursuite de ses objectifs.

Derrière l'apparente indifférence qu'il affiche souvent, l'adolescent n'est pas vraiment insensible: il cherche plutôt à se protéger et à se retrancher dans un lieu sûr pour mieux y définir ses valeurs. Le repli sur soi, sous une forme passagère et modérée, ne dénote pas nécessairement un problème psychologique profond; il s'agit plus souvent d'un moyen transitoire lui permettant de définir et d'affirmer son individualité.

Bien que ses comportements puissent être parfois difficiles à supporter par les parents ou la fratrie, il est souhaitable de respecter son retrait et de continuer à lui offrir un encadrement psychologique et fonctionnel stable et bien structuré. Les grandes épreuves présentent moins de risques d'être aliénantes et perturbatrices dans un bon climat émotif et relationnel.

Sur le plan de l'accompagnement, sa participation aux soins de l'être cher, au soutien affectif et pratique des proches peut être très valorisante et renforcer un idéal d'engagement. Au-delà du profond chagrin qu'ils ressentent, de nombreux adolescents affirment que cette épreuve leur a permis d'acquérir plus de maturité et d'altruisme, et de mieux cerner les vraies valeurs humaines et spirituelles.

CHAPITRE VII

Le meilleur guide: le malade

Qu'en est-il des étapes?

Le suivi du malade dans son évolution déconcerte souvent les accompagnants et les soignants. Aussi est-il normal et rassurant de se reporter à des points de repère bien définis. À cet égard, depuis plus de vingt ans, le modèle théorique du docteur Elisabeth Kübler-Ross a aidé nombre d'intervenants à observer et à comprendre certains aspects du mourir. Pour diverses raisons, le grand public a accepté d'emblée ce modèle: négation, colère, marchandage, dépression, acceptation. Trop souvent, l'on considère ces étapes dans un déroulement inévitable et quasi immuable. En effet, il est tentant de toujours coller la réalité à ce modèle théorique, mais il ne correspond pas nécessairement aux faits, les dites étapes étant bouleversées.

Dans la réalité de tous les jours, il est somme toute plutôt rare qu'un patient suive, du diagnostic à sa mort, une trajectoire linéaire comportant des phases aussi bien définies. En pratique, toutes les étapes mentionnées sont susceptibles d'apparaître en alternance avec plus ou moins d'intensité et plus ou moins de désordre, et à divers moments. Elles peuvent s'atténuer ou s'accentuer, se succéder, se chevaucher, s'estomper temporairement et resurgir plus tard. Certains patients sont déterminés à lutter jusqu'à la limite de leurs forces, d'autres abdiquent dès le début et refusent tout traitement. Il arrive aussi que des malades repoussent les traitements parce que cela signifie pour eux une meilleure qualité de vie. D'autres encore décident de cesser des thérapies en cours de route ou n'acceptent que celles de leur choix. Les cheminements peuvent être déroutants; certains malades, qui semblent accepter et se résigner facilement au début de la maladie, n'abandonnent qu'avec beaucoup de difficulté plus tard; d'autres, qui refusent avec force et révolte au commencement, finissent par trouver un calme relatif. Il faut aussi considérer les cas de négation profonde, persistante et quasi irréversible, bien qu'il ne soit pas toujours facile de savoir jusqu'où elle va. Que dire des cas de régression, de stabilisation ou de rémission de la maladie, voire les cas de latence prolongée, lesquels, même s'ils sont rares et hautement improbables, ne peuvent être rejetés d'emblée?

En fait, tous les scénarios sont possibles. Toutefois, selon les paramètres circonstanciels et individuels, la plupart comportent, croyons-nous, des hauts et des bas, des bonds en avant et des reculs, des pauses et des revirements, des fluctuations tant sur le plan physique que psychologique. Rares sont ceux qui s'inscrivent dans une trajectoire unique, si souhaitée soit-elle par les proches et les soignants. C'est pourquoi il est si important de prendre les choses au jour le jour, voire d'heure en heure, de se rapporter au moment présent.

Mourir comme on a vécu?

Qu'en est-il de l'idée que l'on meurt comme on a vécu? Bien que cette croyance répandue ne soit pas entièrement erronée, elle mérite, selon nous, d'être nuancée. Si l'on accepte l'idée que l'être humain se développe de la naissance à la mort, que la mort est la «dernière étape de la croissance», force est aussi d'accepter qu'aucun développement ne s'inscrit dans une trajectoire définie d'avance; l'aléatoire peut se poursuivre jusqu'à la fin de la vie y compris à l'approche de la mort. Il n'est pas rare de voir des personnes très raisonnables et rangées pendant la majeure partie de leur vie adulte devenir extravagantes ou aventurières à la vieillesse. Il est aussi possible qu'une personne qui a toujours été soumise à son conjoint ou à sa conjointe et brimée dans son épanouissement en arrive à s'émanciper après la mort de son partenaire et à connaître un changement radical et positif de son mode de vie.

Même si l'individu ne change pas foncièrement, certains traits de sa personnalité restés latents peuvent se manifester à un moment précis et d'une façon imprévisible, en fonction des circonstances. Durant toute l'existence, il nous arrive de «régresser» avant de «progresser» (insistons sur les guillemets) vers autre chose ou tout simplement de réagir de façon inattendue. Pourquoi devrait-il en être autrement pour le malade? Celui-ci, doux et pondéré toute sa vie, peut devenir agressif, grincheux ou instable sous l'influence de la maladie. Celui-là, depuis toujours profondément athée, peut se convertir. Quant au suivant, il peut remettre en question ses convictions profondes.

On comprendra aisément qu'une personne naturellement enjouée, positive et sereine puisse devenir triste, amère et tourmentée à la veille de la mort, sans qu'elle soit capable de changer ses dispositions intérieures. Les procédés adaptatifs qu'elle a valorisés et utilisés toute sa vie peuvent s'effondrer en dernier ou lui paraître inadéquats. Un homme qui a toujours tout dirigé durant son existence et qui perd tout contrôle sur sa propre vie ne mourra pas nécessairement comme il a vécu. Sur le plan strictement physiologique, une intellectuelle qui perd ses facultés mentales ou un communicateur qui n'a plus l'usage de la parole sont privés d'une partie essentielle d'eux-mêmes, et cette privation risque de susciter une grande amertume.

Nous savons tous comment nous aimerions finir nos jours, mais qui sait réellement ce qu'il en sera? Les proches disent souvent qu'ils ne reconnaissent plus dans le malade la personne qu'ils ont connue et aimée. Une bonne façon de l'accompagner est alors de l'accepter tel qu'il est actuellement.

Les rubriques suivantes sont consacrées à quelques approches et comportements qui facilitent l'atteinte de ces objectifs.

Le respect du malade

Le malade en fin de vie est avant tout, et jusqu'à sa mort, une personne vivante qui éprouve des besoins physiques, psychologiques et spirituels, même si certains de ces besoins sont modifiés par son état de santé. Bien que la maladie affecte son intégrité, il demeure une personne à part entière qui a droit de regard sur sa vie, ses désirs, ses goûts, ses opinions, ses choix, ses humeurs et ses émotions, lesquels ne correspondent pas forcément à ceux de ses proches. Ce qui semble convenable à ces derniers dans telles circonstances, ne l'est pas nécessairement pour le malade.

Les situations de revirement, d'indécision et de contradiction sont très nombreuses. Par exemple, le malade peut sembler dans une meilleure forme physique parce qu'il est moins souffrant ou qu'il a pris du repos mais se sentir quand même abattu moralement. Une affirmation comme «Tu vas mieux aujourd'hui!» ne fait que présumer un meilleur état et risque de tomber à plat. Il serait préférable de lui demander «Comment vas-tu aujourd'hui?», la question lui ouvre une porte pour qu'il puisse exprimer ce qu'il ressent. Il peut manifester l'envie de goûter à l'un de ses mets préférés mais être incapable d'en avaler plus d'une bouchée, ou encore éprouver le désir d'une petite collation et, bien malgré lui, être profondément endormi au moment où vous la lui apportez. Bien que cela puisse vous frustrer, il faut respecter son besoin prioritaire du moment.

Peut-être pensez-vous que telle lecture lui remonterait le moral, qu'un bouillon chaud lui ferait du bien, qu'un léger massage l'apaiserait, que la couverture devrait être remontée, que telle position serait plus confortable, qu'il devrait marcher un peu ou regarder la télévision pour se distraire, mais il est fort possible que rien de tout cela ne convienne à son état du moment. Peut-être n'en ressent-il pas le besoin parce qu'autre chose le préoccupe ou le fait souffrir, que le temps est mal choisi. Il est important de ne pas le surprotéger, l'infantiliser ou décider à sa place, car il risquerait de se sentir frustré et très malheureux d'être dépendant au point de ne plus être capable de subvenir à ses propres besoins. Il faut lui demander son aide et son avis, ce qui contribuera à lui redonner ou à maintenir le sentiment de maîtriser encore la situation malgré tout et de guider l'entourage dans l'accompagnement: «Dis-moi ce que je peux faire?», «Que préfères-tu?», «Aimerais-tu essayer autre chose, attendre un peu?» sont autant de questions qui lui donneront le sentiment d'être capable de décider lui-même.

Il est même possible qu'à certains moments le malade ne sache plus très bien ce qu'il voulait, qu'il ait oublié ce qu'il se préparait à faire, ce qu'il a fait ou ce qu'on lui a dit quelques instants auparavant. Les changements d'humeur fréquents, une certaine confusion ou des manifestations d'agressivité constituent des conséquences de la maladie très éprouvantes pour les accompagnants, particulièrement pour les proches qui, dans ces moments-là, ne reconnaissent plus la personne qu'ils aiment.

Il n'est pas rare que le malade soit continuellement à la recherche d'une position plus confortable sans parvenir à la trouver. Il s'assoit, se recouche, se tourne d'un côté ou de l'autre, bouge les jambes sans arrêt, change les oreillers de place ou repousse les draps. Dans ces cas-là, une médication appropriée peut être indiquée, mais bien souvent, votre seule présence lui procurera quelques moments de calme.

Dans certaines conditions, le malade peut ressentir le besoin fréquent d'uriner ou d'aller à la selle, sans résultat. Ce besoin peut être commandé, soit par la crainte de se souiller, soit par une cause physique réelle; ses continuelles allées et venues à la toilette sont sans doute plus acceptables pour lui qu'une sonde ou une culotte spéciale (plusieurs malades se sentent profondément humiliés d'utiliser un urinoir, une bassine ou de porter une couche). Parfois, on peut l'amener doucement à ces dernières solutions, mais il est possible qu'il les refuse.

Lorsque le malade s'impatiente, se fâche ou se contredit, il est parfois plus simple d'acquiescer sans discuter; à d'autres moments, on peut le ramener doucement à la réalité sans le contrarier.

Les espoirs du malade

Pour de nombreux accompagnants, il semble difficile de respecter les espoirs du malade. Comment être à son niveau d'espérance sans lui mentir? D'abord, tout dépend du degré d'évolution de la maladie et de l'état du malade. Une précision s'impose: tant que les traitements se poursuivent, il est important d'encourager et de soutenir le malade dans son espoir de guérison ou de rémission, de concert avec les médecins et le personnel soignant. Toutefois, le propos principal de ce livre concerne l'accompagnement en fin de vie, quand tout traitement curatif a cessé et qu'il n'y a plus d'espoir de guérison.

À ce stade de fin de vie, le malade peut encore, à certaines minutes, espérer guérir et chercher chez les siens un reflet de son espérance. Il faut répondre simplement à son attente sans mentir ni orienter ses questions et en respectant son état présent, par exemple en lui disant: «Moi aussi j'aimerais que tu guérisses mais puisque ce n'est plus en notre pouvoir, faisons ensemble tout notre possible pour rendre les choses plus faciles à vivre» ou «Je suis avec toi et je vais t'aider quoi qu'il arrive».

Cependant, à la phase terminale l'on peut encore encourager de nombreux espoirs à court terme: être moins souffrant, plus lucide, garder son autonomie le plus longtemps possible, revenir à domicile pour une journée ou une fin de semaine, revoir quelqu'un qui compte beaucoup, assister au mariage ou à la remise des diplômes d'un enfant, revivre un Noël en famille, fêter un anniversaire. Toutes ces occasions d'espoirs peuvent être plus ou moins renforcées selon la réalité: «Oh oui! ce serait bien! On va tout faire pour t'aider à y arriver.»

Malgré tout, il reste toujours des espérances impossibles à soutenir. Il convient alors d'adopter une attitude honnête et dire quelque chose comme: «J'aimerais bien, mais ce n'est plus possible et j'en souffre moi aussi», «Y a-t-il autre chose qu'on puisse faire?».

Il arrive aussi parfois que le malade soit en négation profonde, c'est-à-dire incapable d'envisager la non-guérison. Certains nient carrément leur maladie, un mécanisme de défense qu'ils utiliseront probablement jusqu'à la fin. Il est préférable pour les proches de respecter la négation, mais de ne pas la renforcer: «Si c'est ce que tu penses, je respecte ta façon de voir», «Si c'est ce que tu crois tant mieux, mais j'aimerais bien être aussi optimiste que toi».

L'évolution de la maladie exige souvent une assistance continuelle que vous ne pouvez plus assumer et peut vous contraindre à hospitaliser le malade malgré son désir de demeurer à la maison. Si cette décision devient inévitable, il est préférable qu'elle soit préparée et planifiée avec l'aide du médecin et des infirmières. Il est possible que vous ressentiez une certaine culpabilité à l'idée de ne pas respecter le désir du malade de rester à domicile. Plusieurs raisons peuvent provoquer ce sentiment chez de nombreux proches, entre autres la fatigue émotive et physique ou la promesse qui a été faite de garder l'être cher chez soi. Une façon d'alléger ce fardeau, c'est de vous dire que vous avez beaucoup fait, que vous avez atteint vos limites et que l'état du malade nécessite une telle démarche. L'hospitalisation permet d'atténuer le stress associé aux soins à donner, mais votre présence à l'hôpital demeure un élément primordial. L'assistance médicale et infirmière s'avère particulièrement précieuse dans ces moments-là ainsi que toutes les informations et tout le secours que vous pouvez obtenir de divers organismes.

L'essentiel

Le patient en phase terminale arrive souvent à l'étape du bilan de sa vie et se pose des questions qui ne paraissent peut-être pas claires ou évidentes pour vous, mais qui le sont pour lui. Souvent le malade réalise alors que certaines préoccupations, jusque-là jugées importantes, deviennent futiles, insignifiantes. Son cheminement l'amène à donner la priorité à certaines valeurs et à aller doucement vers l'essentiel.

Sur le plan spirituel, il peut réviser ou renforcer ses croyances, éprouver le besoin d'être en paix avec sa conscience et faire un bilan de sa vie: «Quel a été mon rôle et comment l'ai-je assumé?», «Comment Dieu et les miens me jugeront-ils?», «Qu'ai-je retiré de l'existence et qu'ai-je apporté?», «Que restera-t-il après mon départ?».

Sur le plan affectif, il n'est pas rare qu'une personne en fin de vie effectue un certain tri dans ses relations. Pour des raisons qui lui sont personnelles, elle peut refuser certaines visites; si on les lui impose, sa seule défense peut consister à faire semblant de dormir ou à simuler une grande fatigue. Par contre, elle peut apprécier fortement la présence de quelques personnes en particulier. Bien que, parfois, ce choix puisse susciter des jalousies et des dissensions dans la famille, il est dicté par des raisons personnelles qu'il faut respecter. Dans ces conditions, l'aide d'une travailleuse sociale, d'un psychologue ou d'un autre intervenant peut s'avérer d'un grand secours.

Sur le plan matériel, l'essentiel prend un caractère spécifique quand le malade veut résoudre certains problèmes et laisser ses choses en ordre: affaires, succession, dettes, assurances, sécurité financière des siens.

De façon générale, le malade parvient tôt ou tard et d'une certaine façon (parfois très intériorisée) à faire ce cheminement. Le questionnement de la personne malade, son besoin de replacer les vraies valeurs, c'est-à-dire selon leur priorité, amènent souvent les proches à cheminer eux aussi. «Qu'est-ce qui compte vraiment maintenant? L'amour, l'amitié, le pardon, la paix intérieure, un rapprochement?» Ce sera quelquefois l'évocation nostalgique des joies et des peines partagées, des projets et des regrets, des doux moments qui permettra d'alléger des instants devenus trop lourds, même si ces propos sont échangés en pleurant doucement. Ces minutes ou ces heures de partage, de silence, de rires ou de pleurs resteront gravées dans la mémoire et dans le cœur de chacun comme de doux moments passés ensemble et, très souvent, rapprocheront les membres de la famille.

Le sentiment d'impuissance

«Que puis-je faire d'autre, de plus, de mieux?» «J'ai peur de ne pas bien faire, de passer à côté.» «Comme c'est difficile parfois de satisfaire ses besoins!» Ces pensées expriment un sentiment d'impuissance, une incertitude quant aux actes à poser, aux paroles à dire, aux meilleures façons de s'y prendre pour aider le malade. Il est certain qu'on peut atténuer ces difficultés en ayant une connaissance claire et réaliste de la situation, en acquérant une information la plus complète possible sur l'état du malade, sur les soins spécifiques requis, les changements possibles en cours d'évolution, ainsi que sur les moyens et les limites d'intervention.

À tous ces égards, l'aide médicale, infirmière et psychosociale est essentielle et précieuse. Toutefois, le malade lui-même fournit une bonne partie des réponses. C'est lui qui sait le mieux comment il se sent et ce qu'il attend des autres. La plupart du temps, les proches accompagnants se sentent rassurés et plus sûrs de leurs attitudes en se rapportant à lui. En ce sens, le malade est le meilleur guide.

Le sentiment d'être dépassé, démuni, impuissant provient en grande partie du manque de contrôle sur l'évolution de la maladie, la détérioration du malade et le temps de vie qui diminue. Voilà pourquoi il est si important de prendre les choses une à la fois, au jour le jour, de ne pas inutilement prévoir les événements et de valoriser au maximum les gestes faits dans le présent. «Chaque instant, je m'efforce d'agir du mieux que je le peux; après on verra. J'ai la maîtrise de ceci, mais non le contrôle de cela et je ne peux rien faire de plus.»

Parfois, l'accompagnant est dans l'incapacité ou l'impossibilité totale de faire ou de dire certaines choses. Par exemple, il peut ne pas être capable d'assurer une présence constante au côté du malade, de soigner ses plaies, de l'aider dans ses déplacements ou encore de lui faire comprendre ce qui est le mieux pour lui. Il ne s'agit plus d'une impression, mais bien d'une impuissance réelle. À ce moment, si le sentiment d'abandonner le malade vous effleure l'esprit, il peut être sain de parler avec lui de vos limites, de lui dire sincèrement que vous vous sentez inapte à faire ces gestes. Il serait alors souhaitable que vous demandiez à d'autres de prendre la relève ou d'accomplir certaines démarches à votre place. Cette attitude vous permettra de renforcer les aspects de l'accompagnement dans lesquels vous vous sentez plus à l'aise.

Une autre cause du sentiment d'impuissance provient quelquefois du fait que le malade n'exprime sa gentillesse et sa gratitude qu'envers les étrangers, tandis qu'il manifeste de l'agressivité et du mécontentement à l'égard des proches; ceux-ci croient alors que tout ce qu'ils font n'est que peu ou pas apprécié. Ce comportement s'explique par le fait qu'il est généralement d'usage d'être poli avec les étrangers, alors qu'on se sent plus à l'aise d'exprimer tous ses sentiments aux siens. Nous tenons pour acquis que nos proches comprennent puisqu'ils connaissent notre être intime. Autrement dit, une relation personnelle fait tomber les barrières et permet l'expression de tous les sentiments, les bons comme les moins bons. Le rapport entre dominant et dominé joue aussi un rôle dans ce type de réaction, surtout si l'accompagnant satisfait inconditionnellement tous les besoins du malade; celui-ci sent alors qu'il a davantage de latitude pour exprimer ses exigences.

L'agressivité de la personne malade peut aussi, par ailleurs, être provoquée directement par son humiliation face à ses proches. Il arrive également qu'une colère dissimulée dirigée contre la mort soit déviée et projetée sur la personne-ressource.

À l'occasion, l'accompagnant peut projeter sur les autres, en particulier sur le malade, ses propres pensées, ses angoisses ou incertitudes. Cette réaction et la difficulté d'avouer son ignorance, sa fatigue ou ses maladresses ne sont qu'humaines.

Si le doute et le découragement s'installent quant aux façons d'agir, il y a peut-être lieu d'exprimer sincèrement et simplement vos sentiments au malade, de lui ouvrir des portes et de lui demander de vous dire ce qu'il attend de vous. «Qu'est-ce que je peux faire pour t'aider? Montre-moi comment faire; avec ton aide ce sera plus facile.» Il ne s'attend certainement pas à ce que vous soyez surhumain et fassiez quoi que ce soit qui dépasse vos capacités. Il pourra peut-être vous suggérer des solutions auxquelles vous n'aviez pas songé. S'il ne veut pas parler, c'est sans doute qu'il a besoin de temps, de réflexion, qu'il attend une occasion plus propice pour communiquer ses sentiments ou ses besoins, et son silence doit être respecté.

Enfin, lorsque les liens d'attachement le permettent, certaines personnes utilisent l'humour afin de dédramatiser, de faire tomber certaines barrières et de diminuer leur sentiment de crainte ou d'impuissance.

L'écoute

Dans le contexte de l'écoute, faisons une distinction entre l'intervention et l'accompagnement.

Le terme «intervenir» signifie entreprendre une action dans l'intention d'influencer ou de modifier le déroulement d'un événement. Il est bien évident que les professionnels doivent intervenir quand la situation l'exige. Ils procèdent alors en tenant compte de plusieurs paramètres: l'état de réceptivité du malade et de la famille, la pertinence et les effets de l'intervention à court et moyen terme, le moment propice, c'est-à-dire ce qui est le plus approprié et la meilleure façon de procéder à l'intervention. Ce faisant, ils évitent de provoquer ou de prendre une décision à la place de la personne concernée, de lui dicter une façon d'être ou de faire, de susciter des aspirations, des croyances ou des désirs qui ne sont pas les siens, et de la pousser à une acceptation qu'elle n'est peut-être pas prête à envisager.

Le terme «accompagner» signifie être présent aux côtés de quelqu'un en respectant son cheminement et son rythme, ce qui suppose beaucoup de disponibilité et une écoute vigilante. Ces principes s'appliquent aux différents types d'accompagnement: naturel, professionnel et bénévole. Ainsi, les proches et les bénévoles accompagnent sans intervenir au sens strict du terme, tandis que les soignants professionnels doivent intervenir à l'occasion mais toujours dans un esprit d'accompagnement. Être à l'écoute du malade, c'est être attentif à tous les signaux qu'il envoie, exprimés verbalement ou non, et faciliter ainsi la communication de tout son être avec son environnement. Voilà une des façons les plus adéquates de pressentir l'état d'âme du malade et de respecter ses modes d'expression. L'un exprimera ses sentiments et ses émotions avec des paroles ou des larmes, l'autre manifestera de la colère ou de l'agressivité, un troisième se retirera dans le mutisme, mais tous ressentiront un immense besoin de s'exprimer et d'être compris, à tout le moins écoutés.

Le reflet et la clarification

Bien évidemment, l'écoute active demande forcément de faire des gestes en fonction des besoins du malade, mais elle se fonde avant tout sur une façon d'être plutôt que de faire. C'est cette condition fondamentale qui détermine la pertinence des attitudes et des actions. Le reflet et la clarification constituent certainement des outils très efficaces pour l'écoute. Même si le malade n'a aucune difficulté physique à s'exprimer verbalement, ses questionnements intérieurs, son désarroi ou sa colère, ses espérances et ses frustrations, son ambivalence ou son angoisse, bref tout son état émotif peut brouiller la communication verbale. Dans ce cas, la vérification du contenu est un moyen efficace de clarifier l'échange. Elle permet de s'assurer qu'on a bien compris le malade et de l'assurer, lui, qu'il est bien compris: «Si j'ai bien saisi, c'est ça que tu veux dire» ou «Je ne suis pas certain de ce que tu veux, peux-tu me le préciser?». Parfois un renvoi plus direct est utile, ce qu'illustrent les exemples suivants:

Le malade: «J'ai peur.»
Renvoi: «Veux-tu en parler, en dire plus, me dire de quoi tu as peur?»
Le malade: «Je vais moins bien.»
Renvoi: «Moins bien comment? Physiquement ou moralement?»
Le malade: «Je ne suis pas à l'aise.»
Renvoi: «Qu'est-ce qui te rend mal à l'aise?»

Bien sûr, cet échange doit être empreint de naturel, de sincérité, d'empathie et comporter un désir et une offre d'aide de la part de l'accompagnant («Qu'est-ce que je peux faire?») à défaut de quoi, ce ne sera qu'un échange verbal froid, impersonnel, plus irritant qu'aidant pour le malade.

Le non-verbal

Pour de multiples raisons physiologiques ou émotives, le malade peut être incapable de parler ou refuser de le faire. Malgré tout, son corps s'exprime de plusieurs façons par les gestes, les postures, les regards, les expressions faciales, les soupirs, les pleurs, la respiration, la température, la couleur et l'état de sa peau, l'odeur, les crispations, les tensions et les agitations. Tout cela constitue un langage non verbal très éloquent et révélateur. De par leur formation professionnelle et leur expérience pratique, les soignants portent attention à ces signaux; mais en tant que personne liée affectivement, qui a vécu avec le malade ou qui le connaît bien, vous possédez déjà une certaine connaissance de ce langage et êtes parmi les plus aptes à l'interpréter. Il arrive que ce ne soit pas facile et que l'exercice nécessite quelques tentatives avant de comprendre et de décoder correctement; le malade peut alors s'impatienter, se sentir impuissant (vous aussi) et se fâcher. Il ne faut pas perdre courage, mais essayer de lui faire comprendre doucement que vous faites de votre mieux.

En général, vous risquez peu de vous tromper en procédant par étapes, en vérifiant les signes et les réactions qui découlent de vos gestes. Par exemple, si le malade transpire, il peut apprécier d'être essuyé avec une serviette sèche plutôt que mouillée, légèrement tiède plutôt que froide. S'il plie et détend une jambe, ce peut être l'indice d'une pression irritante; il faut vérifier s'il y a rougeur ou inflammation. Une simple application de crème adoucissante ou un petit coussin peuvent suffire à soulager cet inconfort. Si son visage est crispé, c'est généralement un signe de douleur physique, tandis qu'un visage fermé et peu expressif traduit plutôt un repli sur soi ou simplement le désir de ne pas communiquer. Si le malade pleure silencieusement, cela exprime une souffrance morale qui peut être parfois partagée.

Toutes ces situations et bien d'autres qu'il est ici impossible d'énumérer s'appliquent aussi aux malades qui peuvent parler. Cependant, si la personne ne peut verbaliser ce qu'elle ressent ou désire, vous trouverez très utile d'employer un code simple qui lui permettra de fournir des réponses, par exemple le regard ou le toucher. Il est essentiel de ne poser qu'une question à la fois, pour que le malade n'ait qu'une seule réponse à fournir: «Veux-tu que je reste près de toi? Serre-moi la main si tu le désires.» Si vous n'êtes pas certain de la réponse, reprenez autrement en utilisant le même système: «Tu préfères rester seul?» Le reflet et la clarification peuvent s'appliquer aussi dans ce système de communication.

Le silence

Il n'est pas exagéré de dire qu'on privilégie trop souvent la parole, à un point tel qu'en présence d'une autre personne le silence est parfois insupportable et angoissant. C'est souvent l'anxiété qui pousse à parler, à meubler le silence. Pourtant, certains silences ne sont pas lourds; ils sont même plutôt enrichissants et reposants.

Tenir une conversation, donner une réponse ou faire un commentaire ne sont pas forcément des nécessités. Combien de gens expriment cet embarras quand ils avouent ne pas savoir quoi dire, alors qu'il n'y a sans doute rien à dire? Dans bien des cas, le silence semble ce que le malade apprécie le plus, bien qu'il n'ose pas le demander. On peut alors lui dire tout simplement qu'il n'est pas obligé de parler: «Je vais rester auprès de toi en silence, si tu le veux.»

Très souvent, les malades se sentent rassurés d'avoir simplement une présence discrète près d'eux. De leur côté, beaucoup d'accompagnants se sentent très présents et très aidants en ne parlant que très peu, et en s'occupant avec de la musique, de la méditation, du tricot, de la lecture, des mots croisés, par exemple, ou simplement en tenant la main du malade. Le silence peut procurer le calme et le réconfort souhaités.

Chacun peut accompagner

Tous les proches, des enfants aux aînés, peuvent être accompagnants. Chacun apporte sa contribution selon son âge, sa place dans la famille, sa personnalité et ses possibilités, avec sa perception, sa compréhension, ses compétences, sa sensibilité, son authenticité et ses liens d'attachement. Le malade apprécie les qualités et l'apport de chaque membre de la famille comme il le faisait auparavant: le caractère enjoué de l'un et le sérieux de l'autre, la candeur de l'enfant et la tendresse du conjoint, l'aide pratique et les soins comme les échanges affectifs ou sociaux. Le soutien et le réconfort, l'amour et l'affection ne se mesurent pas. L'important est que chaque accompagnant se sente à l'aise dans ce qu'il fait, en utilisant au mieux ses ressources et en reconnaissant ses limites. Se relayer, compter sur les autres et leur faire confiance ne peuvent qu'alléger le fardeau de tous, en permettant à chacun de respecter ses propres besoins. Une communication ouverte, l'échange des émotions et le soutien mutuel contribuent aussi à mieux comprendre le cheminement du malade tout en renforçant les liens entre les membres de la famille.

CHAPITRE VIII

Quand la fin approche

Les signes précurseurs

Arrive le moment où le malade est au terme de sa vie. Les proches anticipent ce détachement ultime avec beaucoup d'émotion et d'appréhension. Comment cela se passera-t-il? Le mourant sera-t-il souffrant, agité, conscient? Comment reconnaître les derniers moments et y réagir? «Serai-je près de lui à son départ et s'en rendra-t-il compte?» Même s'ils ont dû faire face à d'autres décès, le fait que le mourant est un proche donne une couleur bien particulière à la situation. Aussi est-il légitime et compréhensible qu'ils cherchent des points de repère et veuillent savoir quand et comment arrivera la fin. C'est une façon de s'y préparer sur plusieurs plans: diminuer l'angoisse souvent grandissante à l'approche des derniers moments, savoir comment se comporter, pouvoir être présent, dire les derniers mots, poser les ultimes gestes de tendresse et d'adieu, prévenir les autres membres de la famille et prendre les dispositions qui s'imposent.

Toutefois, la mort est aussi unique que toutes les autres phases de l'existence humaine et se vit différemment selon chacun. Elle s'inscrit dans un laps de temps plus ou moins long dont il est impossible de prévoir le déroulement avec certitude, sauf aux tout derniers instants. Il arrive que la vie se prolonge en dépit de toutes les prévisions ou que des complications inattendues précipitent les événements. Certains signes annonciateurs sont parfois évidents, mais pas toujours, et il est impossible d'en énumérer toutes les éventualités car trop d'impondérables entrent en jeu selon le type de maladie et l'état de la personne mourante.

Néanmoins, les médecins et les infirmières qui ont soigné le malade possèdent généralement assez d'indices sûrs pour prévoir une fin plus ou moins prochaine et son déroulement probable. C'est donc auprès d'eux qu'il faut se renseigner sur les éventuels signes avant-coureurs de la mort de l'être aimé. En général, ces professionnels essaient, dans les limites du possible, de donner aux proches toutes les informations pertinentes qui les aideront à se préparer émotivement et à prendre les dispositions nécessaires.

La présence

Quoi qu'on en dise parfois et quelles que soient les étapes antérieures, la majorité des mourants trouvent difficile de se détacher du vivant et d'abandonner leur propre existence. Nombreux sont ceux qui avouent, de multiples façons, avoir peur de la souffrance et de la solitude à l'instant de leur mort. L'être humain ayant été solidaire de ses semblables, accompagné par eux — et lui-même accompagnant — durant toute son existence, il est difficile de concevoir qu'il puisse souhaiter mourir dans l'isolement. Même les grands solitaires ont vécu, malgré tout, en interrelation avec autrui, et sans doute ont-ils besoin autant que les autres de recevoir une ultime preuve d'amour. Toutefois, à l'occasion, certains patients semblent se replier sur eux-mêmes au point de couper toute relation avec le monde extérieur, exprimant ainsi leur choix de s'isoler dans l'étape finale de leur vie — peut-être une dernière forme de colère ou encore la dépression consécutive à leur propre deuil.

Mourir est un état de transition dans lequel le mourant, sans être complètement coupé du monde des vivants, n'en fait déjà plus tout à fait partie. On peut décrire cette phase d'une autre façon en disant que le mourant, bien que partie intégrante du vivant, est déjà passé à une autre dimension. Mais qui sait vraiment ce qui se passe? Cela demeure un mystère. Quoi qu'il en soit, l'une des choses les plus douloureuses pour les proches est l'impossibilité de communiquer avec le mourant, même s'il arrive que certains patients gardent conscience jusqu'à la fin. Comment le rejoindre et ne pas le heurter dans son dernier cheminement? Comment adoucir sa fin?

La douleur physique peut être grandement atténuée, si ce n'est complètement supprimée, dans la majorité des cas. Dans d'autres situations, la souffrance morale peut être considérablement apaisée par la présence des proches, le soutien spirituel et la prière.

L'ouïe et le toucher

Une bonne forme d'accompagnement consiste à rester avec le mourant jusqu'à la fin, à le toucher et à lui dire qu'on demeure près de lui, même s'il paraît insensible et incapable d'entendre. On croit généralement que l'ouïe et le toucher sont les derniers sens à disparaître. Le toucher et la parole sont pour les proches les seuls moyens d'exprimer une dernière fois leurs sentiments au mourant. Pour celui-ci, ces liens sont les seuls qui le rattachent encore aux vivants. Les derniers instants sont l'occasion ultime de lui dire qu'il ne sera pas oublié, qu'il sera toujours présent par le souvenir, de le remercier pour ce qu'il a accompli et ce qu'il laisse derrière lui. Pour de nombreuses personnes, l'attitude la plus appropriée est de rester auprès de l'être aimé en lui chuchotant des mots de tendresse ou simplement en lui tenant la main en silence. Certains proches trouvent pertinent de prier en silence ou à voix basse quand cela convient à leurs principes religieux ou à ceux du malade. D'autres encore se sentent à l'aise de lui dire à quel point ils souffrent de s'en séparer, tout en lui «permettant» de le faire, à son rythme et quand il sera prêt.

Certaines observations laissent parfois supposer que le «consentement» des proches aide le mourant à partir. Il se peut que le maintien à tout prix de liens trop forts nuise à son détachement et le retienne malgré lui. La différence résiderait alors dans l'expression des derniers gestes et des dernières paroles comme des signes d'adieu plutôt que des tentatives de retenir le mourant: «Je t'aime et tu vas me manquer», «Même si je souffre, je ne peux pas te retenir», «C'est très difficile d'accepter ton départ, mais je souhaite que tout ce qu'on a partagé m'aide à vivre sans toi.»

La discrétion auprès du mourant

La dernière phase de l'accompagnement de l'être aimé consiste à l'assister dans ses derniers moments; à cette étape, le calme est probablement ce dont il a le plus besoin. L'anxiété ou la nervosité déjà évoquées amènent souvent les proches à oublier malgré eux que le mourant, même semi-conscient, peut être sensible à l'agitation autour de lui. On imagine à quel point il peut être agaçant, même angoissant, pour le malade d'entendre tout ce qui se dit, les chuchotements constants, les questions, les commentaires relatifs à son état, de même que de sentir qu'on vérifie à tout moment son pouls, sa respiration, sa température. Alors qu'il effectue la dernière, peut-être la plus difficile tâche de sa vie, on peut aisément présumer qu'il désire être entouré de paix et de sérénité. La tension émotive ambiante est tout à fait compréhensible, mais, afin de ne pas la faire subir au mourant, il est préférable de sortir de la chambre pour échanger les remarques et observations, même à voix basse, de la même façon qu'on le ferait avec une personne assoupie ou se reposant les yeux fermés.

Soulignons, au contraire, que les marques d'affection exprimées avec douceur et tendresse, par la parole ou le toucher, sont les derniers réconforts que l'on peut offrir à l'être aimé.

TROISIÈME PARTIE

L'accompagnement bénévole

Chapitre IX

Le bénévolat

Dans un contexte de fin de vie, la contribution du bénévolat est un ajout, un complément, un apport auxiliaire offert dans un esprit d'entraide et de soutien, mais il ne remplace pas l'accompagnement naturel ou, encore moins, l'accompagnement professionnel. Il vise plutôt à épauler les proches et les soignants dans leur action commune. Dans certaines conditions de stress, de fatigue émotive et physique ou encore quand les proches ne peuvent pas être toujours auprès de leur malade, la présence d'un bénévole constitue une forme de relève temporaire, mais jamais un remplacement total, sauf peut-être dans les cas d'extrême isolement.

Ce genre de bénévolat présente d'emblée plusieurs écueils; s'il est naturellement empreint de don de soi, de solidarité et d'ouverture à l'humain, en un mot d'altruisme, il exclut l'attitude apitoyée ou condescendante. En clair, l'altruisme ne signifie pas don compulsif. Certains pièges sont donc à éviter tels que le sentiment d'être indispensable, la tendance à se substituer aux autres, la certitude de posséder les réponses, le sentiment de supériorité ou l'impression d'exercer un «pouvoir» sur les êtres en besoin.

Enfin, l'insidieuse tendance à imposer ses points de vue, ses croyances ou ses perceptions constitue un autre obstacle.

L'accompagnement bénévole comporte de nombreux attributs d'ordre professionnel, mais il est exercé, la plupart du temps, par des non-professionnels. Cet énoncé, a priori contradictoire, ne fait que souligner le sérieux de cet engagement particulier.

Précisons avant de poursuivre que nous nous rapportons à notre expérience et à notre façon de faire; toutefois l'accompagnement bénévole est forcément coloré, orienté et exercé différemment selon les lieux, les personnes et les circonstances, que ce soit à domicile ou en institution.

Les motivations et les attentes des bénévoles

On trouve chez les bénévoles qui œuvrent auprès des personnes en fin de vie l'intense désir d'aider, de rendre service gratuitement, d'offrir leur soutien et leur solidarité de façon désintéressée. Pratiquement tous, cependant, reconnaissent que le don de soi n'est pas absolument gratuit et que l'accompagnement est un lieu d'échange dans lequel ils reçoivent souvent plus qu'ils ne donnent.

Il paraît certain que la pratique grandissante du bénévolat tend à pallier, entre autres, une certaine désaffection des milieux communautaires traditionnels dans lesquels la convivialité tenait lieu d'accompagnement à chaque moment important de l'existence. De nos jours, dans le travail et la vie en général, on accorde tant d'importance à la performance et à la poursuite effrénée d'objectifs divers que le côté humain est souvent oublié. De nombreux bénévoles déclarent rechercher la dimension humaine dans leur engagement. En ce sens, cette redécouverte de cette part d'humanisme et de générosité, si souvent absente ou diluée dans la vie courante, ne constitue pas un moyen de combler des vides affectifs ou sociaux, mais bien un ressourcement et une façon de satisfaire des besoins essentiels.

Certains bénévoles affirment vouloir redonner ce qu'ils ont reçu en d'autres lieux et au cours d'autres événements difficiles, similaires ou non, ou encore apporter à autrui le soutien qu'ils n'ont pas reçu eux-mêmes. En ce sens, il s'agit d'un sain mécanisme de redistribution ou de rattrapage, mais il comporte néanmoins un risque s'il est fortement provoqué par un désir conscient ou non de réparation, de rachat ou de pardon.

L'accompagnement des mourants va aussi de pair avec un questionnement plus ou moins profond sur le sens de la vie, de la mort et de la souffrance. Il peut y avoir toutefois danger de voyeurisme si l'accompagnant centre son attention seulement ou principalement sur les réponses ou les questionnements.

Afin d'exercer un accompagnement adéquat et d'éviter l'usure émotive, il est indispensable que les bénévoles aient des attentes réalistes face à leur engagement. «Qu'est-ce que je cherche? Qu'est-ce que j'y donne ou en retire? Pourquoi et comment? Quelle sera mon attitude par rapport à la douleur physique et morale, au désespoir, à la mutilation? Suis-je capable de travailler en équipe? Quelles sont mes limites?» Autant de questions qui se posent dès le départ ou qui peuvent surgir en cours d'accompagnement.

L'accompagnement est une assistance complémentaire librement consentie, un acte de générosité et non une tâche ou une charge; les bénévoles exercent avant tout une fonction de présence et de soutien. Nul ne peut donc exiger d'eux un travail au-dessus de leur disponibilité et de leurs moyens. Particulièrement dans un contexte de fin de vie, il est normal que les bénévoles ressentent des moments de fatigue, d'incertitude, d'impuissance et d'efficacité diminuée. Il est tout aussi normal que leurs besoins, leurs attentes et leurs limites se modifient avec le temps sans pour autant abaisser la qualité de leur accompagnement.

La sélection des bénévoles

Dans ce type d'accompagnement, une sélection rigoureuse des bénévoles nous apparaît absolument nécessaire pour deux raisons majeures: l'une d'ordre éthique et l'autre d'ordre fonctionnel.

Sur le plan éthique, il faut toujours garder à l'esprit la toute première ligne de conduite en importance, à savoir le respect des malades et des familles. La fin de la vie appartient à chaque individu; au-delà des grands principes et théories de base, au-delà des contraintes de toute intervention, chaque patient et chaque famille sont uniques et ont leurs réactions et cheminements propres. Il nous apparaît capital que les accompagnants bénévoles soient imprégnés de cette règle fondamentale.

La deuxième raison a trait au fonctionnement de l'équipe multidisciplinaire. Pour qu'il y ait cohérence au sein d'une équipe, tous ses membres doivent travailler dans une démarche commune, poursuivre des objectifs communs; la sélection et la formation visent à établir clairement les assises de notre credo et à assurer la cohésion de l'équipe. Comme dans toute forme d'embauche, il semble normal d'évaluer les postulants et de s'assurer qu'ils possèdent les dispositions requises. De plus les entrevues de sélection aident parfois certains candidats à se rendre compte que ce type d'accompagnement ne leur convient pas et que d'autres activités de bénévolat correspondent davantage à leur personnalité et à leurs attentes; il est alors souhaitable de les diriger vers d'autres secteurs.

Les critères de sélection

Dans notre équipe, la coordonnatrice effectue les entrevues de sélection qui consistent généralement en un entretien de deux ou trois heures avec chaque candidat. Cet entretien permet non seulement d'identifier les critères requis, mais aussi de bien cerner la philosophie fondamentale et de poser les bases de l'encadrement et des relations confraternelles qui se poursuivront dans l'avenir.

L'une des dispositions de base les plus recherchées et valorisées chez nous (à l'Unité des soins palliatifs de l'Hôpital Notre-Dame) s'avère aussi la plus difficile à décrire en un seul mot. Il s'agit d'une **forme d'«appréhension»**, constituée de questionnement, de réceptivité et de non-certitude face au travail qui sera demandé aux bénévoles. Nous souhaitons retrouver chez ces derniers beaucoup de souplesse, une grande ouverture d'esprit, ce qui exclut les gens directifs qui n'ont que des certitudes ou la conviction que leurs valeurs sont les vraies et les seules. L'écoute attentive et non directive relève presque obligatoirement de cette forme d'«appréhension».

La **discrétion** et la **confidentialité** constituent également des préalables absolument indispensables. La délicatesse, le discernement, le tact, la modération comptent parmi les qualités recherchées que nous décrivons souvent par l'expression familière «y aller sur la pointe des pieds».

En ce qui concerne la confidentialité, les bénévoles sont astreints au secret professionnel au même titre que tout intervenant dans le domaine de la santé. Nous insistons sur le fait qu'aucune information de quelque nature que ce soit, obtenue aussi bien des patients, des familles que du personnel soignant, ne doit être échangée avec qui que ce soit et en aucune circonstance en dehors de l'Unité. Il s'agit tout simplement de confiance et elle ne doit jamais être trahie. Cette attitude fondamentale peut et doit être maîtrisée dès l'instant où l'on entre en contact avec les patients et les familles.

Nous ajoutons une autre forme de discrétion dans la façon d'être et d'agir des bénévoles: la capacité d'accepter l'autre tel qu'il est, de ne pas porter de jugements, ou en tout cas, de ne pas les laisser transparaître; la faculté, dirions-nous, de mettre de côté momentanément ses opinions, ses croyances et ses convictions. Sans chercher à les surprotéger, nous ne saurions trop insister sur le fait que les patients en fin de vie et leurs familles peuvent être vulnérables et facilement soumis aux influences «salvatrices» de toutes sortes, et nous croyons que la dernière étape de la vie n'est ni le lieu ni l'occasion de les imposer. L'accompagnement bénévole se démarque de toute forme d'intervention, de thérapie ou de conversion puisqu'il ne vise pas à un changement en soi. Tout acte posé de quelque nature que ce soit devrait être imprégné de cette règle.

Autre condition préalable à l'accompagnement en fin de vie: une **bonne connaissance et maîtrise de soi**, ce qui n'exclut pas, au contraire, le questionnement. La maturité, l'équilibre affectif et le contrôle de l'émotivité sont des qualités essentielles dans toute relation d'aide, d'une part, afin d'éviter de projeter sur autrui des sentiments ressentis en situation difficile (particulièrement face à la mort) et, d'autre part, afin de se protéger soi-même de l'usure émotive et de l'anxiété.

Pour exercer ce genre de bénévolat, le bagage émotif et cognitif doit être suffisamment élaboré; l'expérience de vie, assez étendue et approfondie. Par conséquent, les adolescents et certains jeunes adultes se trouveraient constamment confrontés à leur manque de références et à leur vulnérabilité, en plus d'avoir à faire face à des deuils répétés. Comme cela pourrait les ébranler émotivement, il est préférable que les bénévoles aient au moins vingt-trois ou vingt-quatre ans.

La **capacité de travailler en équipe**, incluant bénévoles et professionnels, constitue une autre des qualités requises. Cela demande une certaine forme d'humilité et la capacité de faire confiance aux autres. Dans une équipe cohérente et fonctionnelle, chaque bénévole joue un rôle particulier, l'un étant aussi indispensable que l'autre. Il est donc important et rassurant de pouvoir compter sur les autres, de ne pas empiéter sur leur terrain, de reconnaître ses propres limites et de déléguer les tâches, si nécessaire, sans pour autant se sentir inefficace ou brimé. Chacun apporte sa contribution, reprenant là où l'autre a laissé. Il est normal aussi d'éprouver à l'occasion la nécessité de se retirer et de demander d'être dégagé temporairement, à cause de limites particulières, d'un besoin de repos physique ou émotif, d'exigences familiales ou d'autres engagements. L'accompagnement bénévole ne doit pas être une contrainte ou une obligation.

Une autre disposition intérieure nous paraît importante dans l'accompagnement bénévole. Elle réside dans ce qu'on pourrait appeler l'**intelligence du moment**. Les bénévoles se trouvent en effet très souvent seuls avec un malade ou une famille dans des moments d'échange personnalisé. Dans ces situations, ils doivent pouvoir compter sur leurs ressources intérieures et faire preuve de doigté et de jugement afin de manœuvrer sûrement, sans créer de heurts. L'authenticité, la sensibilité et l'intuition peuvent aussi leur servir de guide.

Le fait de n'avoir pas vécu le deuil d'un proche durant les deux années qui précèdent et de ne pas avoir de cancer ou toute autre maladie sévère comptent aussi parmi les critères essentiels pour le choix des candidats. En présence de ces éléments, on verrait à notre avis s'accentuer des risques de transfert, d'identification et de projection qui ne pourraient que nuire aux malades, aux familles et même aux accompagnants.

À ces critères de base peuvent s'ajouter d'autres considérations ou circonstances qui méritent une attention particulière.

L'individualité des bénévoles

L'esprit de l'équipe est aussi coloré par la diversité des personnalités qui la composent. À la base, bien sûr, il y a une forme d'homogénéité chez les bénévoles recrutés, à cause des qualités essentielles à leur engagement. Néanmoins, chaque individu sélectionné et formé conserve sa personnalité et son authenticité. À partir des critères de base, il ne s'agit pas de réunir des copies semblables d'un quelconque prototype; c'est, de toute façon, impossible. Au contraire, la diversité des personnalités, une diversité appuyée sur la cohésion, contribue à la richesse de l'équipe. Comme nous le verrons plus concrètement au chapitre suivant, la flexibilité des bénévoles et la variété de leurs tâches représentent des traits dominants de l'accompagnement. Dans ce contexte, chacun peut individualiser son travail en y apportant une touche personnelle, que ce soit auprès des malades, des familles ou des soignants. Certains bénévoles se sentent plus à l'aise en apportant une aide pratique — coiffure, manucure, massage — tandis que d'autres privilégient l'écoute.

L'individualité des bénévoles est importante dans les rapports avec les malades et les familles. En effet, l'Unité est un reflet de la société puisque les patients y sont admis sans distinction d'âge (dix-huit ans et plus), de milieu, de culture, de religion ou de race. Aussi l'équipe de bénévoles se veut-elle à l'image de cette société.

Néanmoins, au-delà des affinités, des préférences ou des dispositions naturelles, au-delà des modes d'approches inhérents à la personnalité de chacun, les attitudes et les gestes se fondent sur une philosophie commune et s'exercent dans une action cohérente, suivie et structurée.

Quelques caractéristiques

Si l'on considère l'ensemble des bénévoles qui travaillent au sein de l'équipe, il est difficile de tracer un profil sociologique et psychologique, à part le fait qu'environ quatre-vingts pour cent d'entre eux n'avaient jamais fait de bénévolat auparavant. Ce sont des femmes et des hommes de tous âges, de milieux différents et exerçant des activités et des métiers variés. Leur statut social ou leurs diplômes importent peu puisqu'ils sont choisis en vertu de leurs qualités humaines et non de leur titre ou profession. Les acquis professionnels, spécialisés ou non, s'ils ne nuisent pas, ne déterminent d'aucune façon le choix des bénévoles. Au contraire, on leur demande plutôt de mettre leur savoir en sourdine au profit de leur présence. Pour certains, ce n'est pas facile (en particulier pour les intervenants du milieu de la santé, du service social ou de la psychologie) mais, en général, cela ne présente pas de grandes difficultés. On ne vient pas à l'Unité pour exercer une profession, mais pour travailler d'individu à individu, d'une main tendue à une main tendue. On ne dénote pas non plus chez les bénévoles de points communs significatifs relativement à des expériences spéciales. On ne leur demande pas d'avoir déjà accompagné des malades ou des mourants, ni d'avoir vécu personnellement des deuils. Quant au point de vue religieux, l'éventail des valeurs et des croyances est aussi très large et ne constitue pas non plus un facteur déterminant pour l'accompagnement; nul n'est tenu de modifier sa foi ou de la simuler. Sensibles aux dimensions spirituelles de l'existence, les bénévoles partagent surtout l'authenticité et le respect des autres.

CHAPITRE X

L'être et l'agir des bénévoles

La façon d'être des bénévoles

De tous les rôles assumés par les membres de l'équipe, celui de bénévole est le moins bien défini et comporte inévitablement une part d'improvisation. Les changements nombreux et souvent inattendus dans le cheminement des patients et de leurs familles sont parfois éprouvants et déroutants, et s'y adapter demande une grande souplesse.

On retrouve, bien sûr, dans l'accompagnement bénévole les mêmes éléments essentiels que dans l'accompagnement naturel: la présence, l'écoute et le silence, à cette différence que les bénévoles ont reçu la formation nécessaire pour les mettre en pratique. Dans les gestes comme dans les attitudes, les qualités de présence se manifestent par une façon d'être plutôt que d'agir, et l'une d'elles consiste à se mettre à l'écoute des besoins du moment. Pour faciliter l'écoute, il convient de se modeler sur les attitudes de l'interlocuteur ou de les refléter (par exemple, s'asseoir si la personne est assise, adopter un ton ou un rythme semblables, ou encore, dans certains cas, le même genre d'expressions physiques ou de langage). Le reflet et la clarification constituent aussi des outils très utiles qui permettent d'aller chercher ce qui est sous-jacent ou fondamental, au-delà de ce qui est exprimé: le cœur même de la personne.

Considéré positivement, le silence évoque avec éloquence plusieurs réalités: souvent le simple fait qu'il n'y a rien à dire, que la parole est inutile ou qu'aucun mot ne peut traduire les sentiments, qu'aucune réponse ou conclusion ne peut être donnée. C'est aussi une façon de prendre ses distances, un temps de réflexion qui permet de trouver la réponse appropriée, ou un temps de repos dans l'échange verbal. Le silence peut signifier également une volonté, une tentative délibérée de faire cesser l'agitation, ou encore le besoin de laisser la place au regard ou au toucher. L'accompagnement le plus approprié consiste parfois à rester tout simplement silencieux auprès d'une personne qui manifeste le besoin d'une présence, à respecter son désir de calme. Auprès des mourants, le silence prend une dimension, une intensité particulière au moment de l'ultime détachement. Parce qu'ils n'ont pas le même degré d'engagement émotif, les bénévoles, tout en étant touchés à l'instar des autres membres de l'équipe, peuvent aider à détendre l'atmosphère.

Dans le quotidien, la présence des bénévoles se manifeste concrètement de maintes façons auprès des malades, des familles et des soignants.

Auprès des malades

Afin de mieux définir la nature du bénévolat, il convient d'abord de se pencher attentivement sur le malade et sur la période difficile qu'il traverse. L'être humain, arrivé à la phase terminale de sa vie, voit sa capacité et son besoin d'activités grandement diminués. Lire, écouter de la musique ou regarder la télévision lui demandent une énergie, un effort de concentration, un intérêt que, souvent, il n'a plus. Ce qu'il souhaite au plus haut point, c'est de vivre les jours qui lui restent dans les meilleures conditions possibles. En plus du contrôle de la douleur et des soins appropriés, cette «qualité de vie» est reliée à mille et un petits riens pourtant inestimables pour la personne en perte d'autonomie. Des besoins que l'on jugerait superficiels en toute autre circonstance, prennent soudain valeur d'absolu: une réponse prompte à un appel, un verre d'eau fraîche, une couverture douce et chaude ou une présence réconfortante.

Tenir la main. Offrir le bras dans les déplacements. Aider un patient à s'alimenter. Prier avec lui ou l'accompagner à un office religieux. Écouter un malade raconter les moments heureux de sa vie et le laisser pleurer doucement. Partager des instants de loisir, de détente. Tendre une oreille attentive à l'expression de ses craintes et de ses peurs. Demeurer silencieux auprès d'un malade anxieux qui ne veut pas s'endormir de crainte de ne pas se réveiller. Veiller un patient semi-conscient ou inconscient qui n'a personne à ses côtés. Tous ces gestes imprégnés de tendresse sont offerts spontanément et ne doivent pas être imposés.

Auprès des familles

Nous avons déjà fait mention de la présence des bénévoles auprès des familles, qui souvent vivent à l'Unité jour et nuit. Comment cette présence se traduit-elle?

Un des premiers rôles des bénévoles consiste à accueillir les familles et les malades à l'Unité. Faire visiter les lieux, expliquer le rôle des bénévoles et offrir leur disponibilité, voilà autant de façons d'aider le malade et ses proches à se familiariser avec ce nouveau lieu de séjour et d'adoucir le choc de la transition.

Après l'accueil, l'accompagnement se poursuit et s'adapte aux besoins du moment, des besoins aussi variés que peuvent l'être les individus et les situations.

L'anxiété, la fatigue, l'épuisement de leur entourage sont souvent ressentis par les malades; c'est pourquoi l'une des formes d'accompagnement consiste à épauler les proches. La présence d'un tiers se révèle souvent rassurante. Aussi, les bénévoles sont parfois appelés à réconforter un père, une mère, une épouse, un frère ou une amie en détresse, à l'écouter exprimer sa tristesse ou sa colère. À la demande de la famille, la présence d'un bénévole auprès du malade aide souvent à diminuer la tension et l'anxiété. L'accompagnant peut aussi, par exemple, distraire un jeune enfant venu rendre visite à sa mère ou à son père, ce qui permet aux parents de retrouver un peu d'intimité et de prendre quelques instants de repos.

À l'occasion, les bénévoles servent d'intermédiaires entre les familles et les professionnels.

Si la famille en exprime le désir, les bénévoles demeurent présents au moment du décès. Certains proches se sentent rassurés par la présence d'un membre de l'équipe, médecin, infirmière, aumônier ou bénévole, tandis que d'autres préfèrent vivre ce moment dans l'intimité.

Comme derniers gestes de présence, les bénévoles peuvent répondre aux questions des proches sur les démarches à suivre après le décès et les accompagner jusqu'au moment de leur départ de l'hôpital.

Auprès des soignants

Comment s'exerce la présence des bénévoles auprès du personnel?

Soulignons d'abord que les bénévoles ne posent pas d'actes reliés aux soins infirmiers et ne donnent jamais d'avis sur l'état de santé du malade ou sur sa médication. Cette règle s'applique à tous les bénévoles, même s'ils sont infirmiers ou membres du milieu hospitalier.

Alors, comment peuvent-ils venir en aide au personnel soignant?

Rester auprès d'un patient anxieux qui appelle constamment, en assister un autre qui est agité ou confus, veiller sur un malade qui est en difficulté respiratoire, voilà autant de moyens d'alléger la tâche de l'infirmière et de lui permettre d'être auprès d'autres patients qui ont besoin d'elle. Passer quelque temps avec une famille qui vit difficilement la séparation imminente s'avère aussi une bonne façon de soutenir le personnel soignant.

Les échanges spontanés à propos des joies, des peines, des difficultés vécues, en équipe ou individuellement, constituent également une forme de soutien réciproque entre soignants et bénévoles.

CHAPITRE XI

La formation des bénévoles

Parce que les bénévoles sont appelés à travailler en milieu hospitalier, d'une part, et en équipe pluridisciplinaire, d'autre part, il importe d'offrir une formation adaptée à ce contexte.

Dans notre unité, les bénévoles sélectionnés reçoivent un cours théorique de six heures donné par la coordonnatrice. Ce cours aborde les principes de base de l'accompagnement en fin de vie ainsi que les particularités d'ordre fonctionnel et relationnel, de façon que l'engagement des bénévoles soit fondé dès le départ sur le consensus déjà établi dans l'équipe en place.

Les bénévoles poursuivent ensuite une formation pratique d'environ soixante heures sous la supervision d'un pair expérimenté. Ce dernier offre au débutant l'encadrement nécessaire et lui permet ainsi de manifester ses aptitudes et d'acquérir un savoir-faire dans un climat de sécurité émotive, sans pour autant être exposé à faire face seul et trop rapidement aux situations difficiles. Bien entendu, la formatrice ou le formateur n'initie pas le nouveau bénévole qu'aux attitudes appropriées; elle ou il lui apprend également les mille et un gestes concrets qu'il sera appelé à faire, le renseigne sur les lieux et les choses, tous des aspects indispensables.

Dans le cadre de cet entraînement, les bénévoles sont aussi invités à participer à la réunion hebdomadaire de révision et de mise à jour, qui regroupe des représentants de diverses disciplines (médecins, infirmières, travailleuse sociale, psychiatre, diététiste, musicothérapeute, aumônier, responsable de l'aide aux personnes en deuil et bénévoles). Cette réunion, habituellement surpervisée par le psychiatre consultant, sert en premier lieu à évaluer et à ajuster les interventions médicales, infirmières et psychosociales. Elle offre aux membres de l'équipe le soutien nécessaire et assure la diffusion d'une information d'autant plus intéressante qu'elle est multidisciplinaire, permettant ainsi de poser des actes plus éclairés et mieux adaptés aux besoins de chaque patient et de chaque famille. Cette rencontre est également le moment de faire le point et de vérifier si tous les intervenants sont sur la même longueur d'onde, adoptent une démarche cohérente et restent fidèles à la philosophie commune.

La réunion offre aussi aux participants l'occasion de faire part des difficultés, des tensions parfois ressenties dans leurs rapports avec les patients ou leurs familles et d'éviter ainsi l'accumulation de frustrations et d'incompréhensions susceptibles de perturber leur travail. Cet échange permet aux membres du personnel et aux bénévoles de prendre conscience qu'ils ne sont pas les seuls à éprouver ces difficultés. Bien sûr, le fait d'exprimer tout cela aide à diminuer les tensions.

La dernière étape de cette réunion est consacrée aux décès récents et donne lieu à l'échange des émotions suscitées par la perte de personnes auxquelles des membres de l'équipe s'étaient attachés.

L'accompagnement bénévole fait appel à des connaissances reliées à divers domaines. Selon les circonstances, ces références sont utiles à l'accompagnant pour évaluer les besoins immédiats; elles lui apportent une meilleure compréhension de la situation et une assurance quant aux actes à poser. Certaines informations sont particulièrement importantes sur le plan de la cohésion et du fonctionnement de l'équipe. En outre, elles expliquent le rôle, le travail et l'orientation des accompagnants; renseignent sur la nature et l'évolution de certains projets; mettent à jour et complètent des données relatives au travail quotidien; enseignent ou rappellent les préceptes de base. Un comité de formation continue constitué de bénévoles et de leur coordonnatrice a été créé dans le but de poursuivre cet enseignement. Tous les deux mois, des rencontres avec des professionnels offrent aux bénévoles l'occasion d'échanger sur divers sujets reliés à leur travail (l'écoute, la musicothérapie, la confusion des malades, l'intervention psychosociale, la spiritualité, entre autres).

La bibliothèque et le centre de documentation de l'Unité sont aussi à la disposition des bénévoles. Des articles, des parutions récentes et diverses informations reliées à l'accompagnement ou à des sujets connexes circulent régulièrement parmi les membres de l'équipe.

La participation aux congrès, colloques, conférences, exposés et ateliers sur divers aspects de l'accompagnement en fin de vie constitue de plus une source importante d'enseignement et de ressourcement.

La formation continue s'exerce aussi en dehors des réunions, de façon informelle. Dans le quotidien, les communications importantes, les informations essentielles sur les gestes à faire sont partagées et discutées avec les équipes médicale, soignante, psychosociale, pastorale et autres. Par définition, cet échange se fait dans les deux sens, c'est-à-dire que tous ces renseignements sont acheminés à l'équipe des bénévoles, soit les décisions reliées aux changements d'attitudes ou d'orientation, les raisons de ces virages, l'explication de ces comportements.

Enfin, les activités sociales et les rapports interpersonnels et amicaux, à l'Unité comme à l'extérieur, fournissent également l'occasion d'échanges multiples souvent reliés au travail et peuvent être considérés comme un élargissement de la formation continue. Ces activités permettent de cimenter, de resserrer les liens de l'équipe.

Chapitre XII

L'intégration des bénévoles à l'équipe professionnelle

L'équipe des bénévoles est complémentaire et ne devrait en aucun cas priver le personnel soignant ou les familles de leur place respective auprès des malades. L'une de ses particularités vient de ce qu'elle est intégrée dans une équipe multidisciplinaire formée de médecins, psychiatre, infirmières, infirmières auxiliaires, préposés, travailleuse sociale, aumônier, diététiste, musicothérapeute, responsable du suivi de deuil. Les bénévoles ne travaillent qu'en concertation et avec la participation de ces professionnels.

L'intégration des bénévoles dans une équipe de professionnels ne s'effectue pas à sens unique et comporte des préalables essentiels dont le plus important est sans contredit le désir, l'intention d'intégrer l'accompagnement des bénévoles et d'accepter ceux-ci dans l'équipe. Car ils n'auraient jamais le sentiment d'être intégrés ni la conviction d'être utiles si les professionnels n'étaient pas d'abord ouverts, accueillants et respectueux à leur égard. En revanche, si les professionnels ont choisi d'intégrer les bénévoles dans leur équipe, il est important qu'ils aient, dès le début, l'occasion d'exprimer (en collaboration avec la responsable des bénévoles) leurs besoins et leurs attentes face à ce bénévolat. Puisqu'elle est responsable de la formation de l'équipe, il est essentiel que la coordonnatrice des bénévoles soit choisie et acceptée, sans restriction, par l'équipe multidisciplinaire, qu'elle partage la philosophie commune et qu'elle soit à l'écoute des besoins des soignants. Bien intégrée à cette équipe, la responsable pourra établir le lien entre les représentants des autres disciplines et les bénévoles, transmettre et maintenir chez ces derniers les valeurs fondamentales ainsi que les priorités fonctionnelles et relationnelles.

Ce sont les bénévoles qui s'engagent dans le milieu hospitalier et non l'inverse. Ce milieu complexe auquel ils se joignent n'est pas un cadre facile; la transparence, la capacité de ne pas empiéter sur le terrain des professionnels, de se référer aux personnes-ressources, le professionnalisme (par opposition à l'amateurisme) sont des éléments essentiels à leur rôle d'accompagnant. Les bénévoles doivent trouver auprès de leur coordonnatrice une «agente de communication» entre eux et les soignants ainsi qu'un soutien efficace et constant.

Les différentes pathologies, les nombreux parents et amis, la durée plus ou moins longue des séjours, la diversité des personnalités qui se côtoient à l'Unité, ainsi que la rotation des équipes, imposent un rythme changeant qui nécessite une adaptation incessante. Des périodes de stabilité relative alternent avec des cycles plus occupés. L'accompagnant bénévole fait face à beaucoup d'imprévus et il se trouve souvent au cœur d'une dynamique nouvelle pour lui.

Dans un tel contexte, si la valeur du travail est étroitement liée à la qualité des gens en place, elle dépend aussi de structures solides et de mécanismes souples qui facilitent l'articulation et la cohésion de l'équipe entière. Sur le plan fonctionnel, les rapports (transmission des données), les communications verbales et écrites, les échanges formels et informels, l'accessibilité aux professionnels et la disponibilité de ces derniers sont des éléments indispensables.

Plus spécifiquement, comme ce sont les infirmières qui assurent la continuité des services de soins, le premier rapport matinal donné aux bénévoles par l'infirmière chef est précieux puisqu'il permet d'identifier les besoins immédiats, de dresser le plan général de la journée, et ainsi d'orienter leurs activités. Au cours de la journée, les bénévoles en place transmettent à ceux qui leur succèdent les données relatives à l'évolution des événements, toujours en coordination avec leur responsable et avec les soignants. On utilise un cahier où sont consignées des observations pertinentes pour compléter l'information. Ce cahier, accessible à toute l'équipe, ne contient que des données relatives à l'accompagnement et non d'ordre professionnel.

À cause de la nature même de leur engagement, on ne peut pas exiger des bénévoles plus de temps qu'ils ne peuvent en consacrer au service des malades, car ces moments de générosité et d'humanisme empiètent souvent sur leurs obligations familiales, sociales ou autres. Par ailleurs, des périodes de participation trop longues et trop rapprochées risquent d'entraîner une certaine usure émotive, surtout en contexte de fin de vie où les décès sont fréquents. Ces deux raisons expliquent le roulement observé dans les périodes de présence des bénévoles. Ces périodes de présence, qui varient entre cinq et huit heures par semaine, sont en général assidues, assurant ainsi continuité et stabilité dans les rapports interpersonnels. Cette forme de relève continue, en plus de diminuer les risques d'usure, apporte une «fraîcheur» renouvelée tout en offrant aux malades, aux familles et aux soignants un large éventail d'accompagnants. Un tel fonctionnement contribue grandement à la richesse de l'équipe et à la valeur du soutien qu'offrent les bénévoles.

Les éléments de formation dont nous avons parlé au chapitre précédent constituent aussi des facteurs d'intégration importants tout comme les liens de camaraderie, d'amitié et de tendresse qui se nouent entre les membres de l'équipe.

L'accompagnement des personnes en fin de vie est bien sûr affaire de compétence professionnelle, mais aussi de compétence «humaine».

Chaque milieu se caractérise par ses structures, ses besoins, ses ressources, ses avantages et ses inconvénients et ce n'est qu'en tenant compte de toutes ces particularités qu'il est possible de créer une organisation physique et humaine adéquate. Cette approche globale laisse place à l'imagination, à l'innovation et à l'adaptation.

Il n'est pas facile de mettre sur pied une équipe de bénévoles et de l'intégrer à celle des professionnels, à moins d'obtenir de ces derniers leur consentement et leur complicité. Professionnels et bénévoles forment une équipe qui peut être d'une grande fragilité, certes, mais aussi d'une force insoupçonnée grâce à une complicité rassurante. L'équipe peut assurer un soutien efficace et fournir une tendresse réconfortante sans lesquels il serait difficile de résister aux départs successifs des malades et des familles avec lesquels très souvent on a tissé des liens affectifs profonds.

ÉPILOGUE

Un samedi midi, une fête émouvante et intime a lieu à l'Unité. À l'approche de Pâques, madame et monsieur R. célèbrent leur quarantième anniversaire de mariage en compagnie de leurs trois enfants, de leurs conjoints et de leurs deux petites-filles. Comme monsieur R. ne peut pas quitter l'hôpital, tous s'y sont retrouvés pour donner un air de fête à cette réunion familiale. L'équipe a fait préparer un gâteau. Les bénévoles ont dressé la table avec une jolie nappe sur laquelle les couverts des grands jours apportés du domicile du patient sont disposés avec soin. Des fleurs et des bougies décorent aussi la table. Les enfants se sont donné le mot pour préparer les mets favoris de leur père. Une bouteille de vin est débouchée. Les deux petites-filles placent en offrande les cartes de souhaits qu'elles ont dessinées elles-mêmes. Pendant ce temps, les infirmières ont installé monsieur R. dans un confortable fauteuil roulant et l'approchent de la table. Les membres de l'équipe souhaitent aux époux un bon anniversaire et se retirent. L'instant est chargé d'émotions car tous savent bien que cette fête est la dernière que le patient partagera avec les siens; elle représente donc à la fois toutes les précédentes célébrées en sa présence et celles à venir sans lui.

Presque au même moment, dans une chambre voisine, une infirmière et une bénévole sont témoins d'une autre scène émouvante. Une jeune femme accompagnée de son mari et de ses enfants vient présenter son dernier-né à sa mère mourante. Quoique très faible, celle-ci est encore tout à fait lucide. Ses bras maigres esquissent le geste d'étreindre le petit mais elle n'en a pas la force. Alors sa fille dépose le bébé sur le lit et, doucement, avec une infinie tendresse, place la main de sa mère sur la tête de l'enfant et prend l'autre dans la sienne. L'atmosphère est solennelle et sereine. Le père et les deux jeunes enfants se sont approchés du lit et caressent doucement, à travers le drap, les jambes et les pieds de grand-maman. Le visage de la malade rayonne de bonheur. Tout est bien, semble-t-elle penser. La vie s'en va, la vie continue...

L'infirmière et la bénévole se retirent, laissant la famille vivre dans l'intimité, dans les rires et les larmes entremêlés, ce moment d'amour et de transmission de la vie.

Bibliographie

ABIVEN, M. et Y. DE GENTIL-BAICHIS. *Vivre avec celui qui va mourir,* Paris, Le Centurion, 1990.

ABIVEN, M. *Pour une mort plus humaine,* Paris, InterÉDITIONS, 1990.

ADAMS, D. W. et E. J. DEVEAU. *Le cancer de l'enfant,* Saint-Hyacinthe, ÉDISEM, 1989.

BÉRUBÉ, L. *Quand c'est une question de temps,* Boucherville, éditions De Mortagne, 1987.

BUCKAM, Dr R. *Que faut-il dire?,* Montréal, éditions Quebecor, 1989.

CALLWOOD, J. *Un dernier printemps,* Montréal, Stanké, 1988.

CARKHUFF, R. R. *L'art d'aider,* Montréal, éditions de l'Homme, 1988.

DELISLE, I. *Vivre son mourir,* Boucherville, éditions De Mortagne, 1982.

DE MONTIGNY, J. et M. DE HENNEZEL. *L'amour ultime,* Montréal, Stanké, 1990.

HÉTU, J.-L. *La relation d'aide,* Montréal, éditions du Méridien, 1982.

JOMAIN, C. *Mourir dans la tendresse,* Paris, Le Centurion, 1984.

KÜBLER-ROSS, E. *La mort, dernière étape de la croissance,* Montréal, Québec-Amérique, 1976.

KÜBLER-ROSS, E. *Les derniers instants de la vie,* Genève, Labor et Fidès, 1986.

KÜBLER-ROSS, E. *Questions et réponses sur les derniers instants de la vie,* Genève, Labor et Fidès, 1977.

LEIST, M. *Dis, pourquoi la mort?,* Paris, Cana, 1981.
SEBAG-LANOE, Dr R. *Mourir accompagné,* Paris, Desclée de Brouwer, Épi, 1986.
VESPIEREN, P. *Face à celui qui va mourir,* Paris, Desclée de Brouwer, 1984.

TABLE DES MATIÈRES

Deuxième partie
L'accompagnement naturel

Troisième partie
L'accompagnement bénévole

Ouvrages parus aux Éditions de l'Homme

Affaires et vie pratique

* **30 jours pour mieux organiser...**, Gary Holland
* **Acheter et vendre sa maison ou son condominium**, Lucille Brisebois
* **Acheter une franchise**, Pierre Levasseur
* **Les assemblées délibérantes**, Francine Girard
* **La bourse**, Mark C. Brown
* **Le chasse-insectes dans la maison**, Odile Michaud
* **Le chasse-insectes pour jardins**, Odile Michaud
Le chasse-taches, Jack Cassimatis
* **Choix de carrières — Après le collégial professionnel**, Guy Milot
* **Choix de carrières — Après le secondaire V**, Guy Milot
* **Choix de carrières — Après l'université**, Guy Milot
* **Comment cultiver un jardin potager**, Jean-Claude Trait
Comment rédiger son curriculum vitæ, Julie Brazeau
* **Comprendre le marketing**, Pierre Levasseur
Des pierres à faire rêver, Lucie Larose
* **Devenir exportateur**, Pierre Levasseur
* **L'entretien de votre maison**, Consumer Reports Books
L'étiquette des affaires, Elena Jankovic
* **Faire son testament soi-même**, Me Gérald Poirier et Martine Nadeau Lescault
Les finances, Laurie H. Hutzler
Gérer ses ressources humaines, Pierre Levasseur
Le gestionnaire, Marian Colwell
La graphologie, Claude Santoy
* **Le guide complet du jardinage**, Charles L. Wilson
* **Le guide de l'auto 92**, Denis Duquet et Marc Lachapelle
* **Le guide des bars de Montréal**, Lili Gulliver
* **Le guide des bons restaurants de Montréal et d'ailleurs**, Josée Blanchette
Guide du savoir-écrire, Jean-Paul Simard
* **Le guide du vin 92**, Michel Phaneuf
* **Le guide floral du Québec**, Florian Bernard
Guide pratique des vins de France, Jacques Orhon
J'aime les azalées, Josée Deschênes
* **J'aime les bulbes d'été**, Sylvie Regimbal
J'aime les cactées, Claude Lamarche
* **J'aime les conifères**, Jacques Lafrenière
* **J'aime les petits fruits rouges**, Victor Berti
J'aime les rosiers, René Pronovost
J'aime les tomates, Victor Berti
J'aime les violettes africaines, Robert Davidson
J'apprends l'anglais..., Gino Silicani et Jeanne Grisé-Allard
Le jardin d'herbes, John Prenis
* **Je me débrouille en aménagement intérieur**, Daniel Bouillon et Claude Boisvert
* **Lancer son entreprise**, Pierre Levasseur
Le leadership, James J. Cribbin

Le livre de l'étiquette, Marguerite du Coffre
* **La loi et vos droits,** Me Paul-Émile Marchand
Le meeting, Gary Holland
Le mémo, Cheryl Reimold
Mieux comprendre sa vie de travail, Claude Poirier et Nicole Gravel
* **Mon automobile,** Gouvernement du Québec et Collège Marie-Victorin
Notre mariage — Étiquette et planification, Marguerite du Coffre
Nouveaux profils de carrière, Claire Landry
L'orthographe en un clin d'œil, Jacques Laurin
* **Ouvrir et gérer un commerce de détail,** C. D. Roberge et A. Charbonneau
Le patron, Cheryl Reimold
* **Piscines, barbecues et patios,** Collectif
* **La prévention du crime,** Collectif
* **Prévoir les belles années de la retraite,** Michael Gordon
Les relations publiques, Richard Doin et Daniel Lamarre
Les secrets des maîtres vendeurs, Henry Porter
La taxidermie moderne, Jean Labrie
* **Les techniques de jardinage,** Paul Pouliot
Techniques de vente par téléphone, James D. Porterfield
* **Le temps des purs — Les nouvelles valeurs de l'entreprise,** David Olive
* **Tests d'aptitude pour mieux choisir sa carrière,** Linda et Barry Gale
* **Tout ce que vous devez savoir sur le condominium,** Robert Dubois
Une carrière sur mesure, Denise Lemyre-Desautels
L'univers de l'astronomie, Robert Tocquet
La vente, Tom Hopkins

Affaires publiques, vie culturelle, histoire

* **Artisanat québécois, tome 4,** Cyril Simard et Jean-Louis Bouchard
* **La baie d'Hudson,** Peter C. Newman
Beautés sauvages du Canada, Collectif
Bourassa, Michel Vastel
Les cathédrales de la mer, Marie-Josée Ouellet
* **Le cauchemar olympique ou l'envers de la médaille,** Sylvain Lake
Claude Léveillée, Daniel Guérard
* **Les conquérants des grands espaces,** Peter C. Newman
* **Dans la tempête — Le cardinal Léger et la révolution tranquille,** Micheline Lachance
La découverte de l'Amérique, Timothy Jacobson
* **Duplessis, tome 1 — L'ascension,** Conrad Black
* **Duplessis, tome 2 — Le pouvoir,** Conrad Black
* **Les écoles de rang au Québec,** Jacques Dorion
* **L'establishment canadien,** Peter C. Newman
* **Le frère André,** Micheline Lachance
La généalogie, Marthe F. Beauregard et Ève B. Malak
Gilles Villeneuve, Gerald Donaldson
Gretzky — Mon histoire, Wayne Gretzky et Rick Reilly
Les insolences du frère Untel, Jean-Paul Desbiens
Larry Robinson, Larry Robinson et Chrystian Goyens
* **Les mots de la faim et de la soif,** Hélène Matteau
* **Notre Clémence,** Hélène Pedneault
* **Les nouveaux riches, tome 2 — L'establishment canadien,** Peter C. Newman
* **Option Québec,** René Lévesque
L'or des cavaliers thraces, Collectif

* **Oui,** René Lévesque
Parce que je crois aux enfants, Andrée Ruffo
* **Les patients du docteur Cameron,** Anne Collins
Plamondon — Un cœur de rockeur, Jacques Godbout
Le prince de l'église, Micheline Lachance
* **Les princes marchands,** Peter C. Newman
* **Provigo,** René Provost et Maurice Chartrand
Québec ville du patrimoine mondial, Michel Lessard
* **La saga des Molson,** Shirley E. Woods
Sauvez votre planète!, Marjorie Lamb
* **La sculpture ancienne au Québec,** John R. Porter et Jean Bélisle
* **Sous les arches de McDonald's,** John F. Love
* **Le temps des fêtes au Québec,** Raymond Montpetit
Trudeau le Québécois, Michel Vastel

Psychologie, vie affective, vie professionnelle, sexualité

* **30 jours pour redevenir un couple heureux,** Patricia K. Nida et Kevin Cooney
* **30 jours pour un plus grand épanouissement sexuel,** Alan Schneider et Deidre Laiken
* **Adieu Québec,** André Bureau
À dix kilos du bonheur, Danielle Bourque
Aider mon patron à m'aider, Eugène Houde
* **Aider son enfant en maternelle et en première année,** Louise Pedneault-Pontbriand
À la découverte de mon corps — Guide pour les adolescentes, Lynda Madaras
À la découverte de mon corps — Guide pour les adolescents, Lynda Madaras
L'amour comme solution, Susan Jeffers
L'amour, de l'exigence à la préférence, Lucien Auger
Les années clés de mon enfant, Frank et Theresa Caplan
Apprivoiser l'ennemi intérieur, Dr George R. Bach et Laura Torbet
L'approche émotivo-rationnelle, Albert Ellis et Robert A. Harper
L'art d'aider, Robert R. Carkhuff
L'art de l'allaitement maternel, Ligue internationale La Leche
L'art de parler en public, Ed Woblmuth
L'art d'être parents, Dr Benjamin Spock
L'autodéveloppement, Jean Garneau et Michelle Larivey
Avoir un enfant après 35 ans, Isabelle Robert
Bientôt maman, Janet Whalley, Penny Simkin et Ann Keppler
* **Le bonheur au travail,** Alan Carson et Robert Dunlop
Le bonheur possible, Robert Blondin
Ces hommes qui méprisent les femmes... et les femmes qui les aiment, Dr Susan Forward et Joan Torres
Ces hommes qui ne peuvent être fidèles, Carol Botwin
Ces visages qui en disent long, Jeanne-Élise Alazard
Changer ensemble — Les étapes du couple, Susan M. Campbell
Chère solitude, Jeffrey Kottler
Le cœur en écharpe, Stephen Gullo et Connie Church
Comment communiquer avec votre adolescent, E. Weinhaus et K. Friedman
Comment déborder d'énergie, Jean-Paul Simard
Comment garder son homme, Alexandra Penney
* **La communication... c'est tout!,** Henri Bergeron
Le complexe de Casanova, Peter Trachtenberg
Comprendre et interpréter vos rêves, Michel Devivier et Corinne Léonard
Découvrez votre quotient intellectuel, Victor Serebriakoff
Découvrir un sens à sa vie avec la logothérapie, Viktor E. Frankl

Le défi de vieillir, Hubert de Ravinel
La deuxième année de mon enfant, Frank et Theresa Caplan
* **Dieu ne joue pas aux dés,** Henri Laborit
Les douze premiers mois de mon enfant, Frank Caplan
Les écarts de conduite, Dr John Pearce
En attendant notre enfant, Yvette Pratte Marchessault
Les enfants de l'autre, Erna Paris
* **L'enfant unique — Enfant équilibré, parents heureux,** Ellen Peck
L'esprit du grenier, Henri Laborit
Êtes-vous faits l'un pour l'autre?, Ellen Lederman
* **L'étonnant nouveau-né,** Marshall H. Klaus et Phyllis H. Klaus
Être soi-même, Dorothy Corkille Briggs
Évoluer avec ses enfants, Pierre-Paul Gagné
Exercices aquatiques pour les futures mamans, Joanne Dussault et Claudia Demers
La femme indispensable, Ellen Sue Stern
Finies les phobies!, Dr Manuel D. Zane et Harry Milt
La flexibilité — Savoir changer, c'est réussir, P. Donovan et J. Wonder
La force intérieure, J. Ensign Addington
Le grand manuel des arts divinatoires, Sasha Fenton
* **Le grand manuel des cristaux,** Ursula Markham
Les grands virages — Comment tirer parti de tous les imprévus de la vie, R. H. Lauer et J. C. Lauer
La graphologie au service de votre vie intime et professionnelle, Claude Santoy
Guérir des autres, Albert Glaude
Le guide du succès, Tom Hopkins
L'histoire merveilleuse de la naissance, Jocelyne Robert
L'horoscope chinois 1992, Neil Somerville
L'infidélité, Wendy Leigh
L'intuition, Philip Goldberg
J'aime, Yves Saint-Arnaud
J'ai quelque chose à vous dire..., B. Fairchild et N. Hayward
J'ai rendez-vous avec moi, Micheline Lacasse
Le journal intime intensif, Ira Progoff
Lis cette page, s'il te plaît, N. Chesanow et G. L. Ersersky
Le mal des mots, Denise Thériault
Ma sexualité de 0 à 6 ans, Jocelyne Robert
Ma sexualité de 6 à 9 ans, Jocelyne Robert
Ma sexualité de 9 à 12 ans, Jocelyne Robert
La méditation transcendantale, Jack Forem
Le mensonge amoureux, Robert Blondin
Mon enfant naîtra-t-il en bonne santé?, Jonathan Scher et Carol Dix
Nous, on en parle, Marcelle Lamarche et Pol Danheux
Parle-moi... j'ai des choses à te dire, Jacques Salomé
Parlez-leur d'amour, Jocelyne Robert
Parlez pour qu'on vous écoute, Michèle Brien
Penser heureux — La conquête du bonheur, image par image, Lucien Auger
Perdant gagnant! — Réussissez vos échecs, Carole Hyatt et Linda Gottlieb
Père manquant, fils manqué, Guy Corneau
Les peurs infantiles, Dr John Pearce
* **Les plaisirs du stress,** Dr Peter G. Hanson
Pourquoi l'autre et pas moi? — Le droit à la jalousie, Dr Louise Auger
* **Pour vous future maman,** Trude Sekely
Préparez votre enfant à l'école dès l'âge de 2 ans, Louise Doyon
Prévenir et surmonter la déprime, Lucien Auger

Le principe de Peter, L. J. Peter et R. Hull
Psychologie de l'amour romantique, Dr Nathaniel Branden
Psychologie de l'enfant de 0 à 10 ans, Françoise Cholette-Pérusse
* **La puberté,** Angela Hines
La puissance de la vie positive, Norman Vincent Peale
La puissance de l'intention, Richard J. Leider
La question qui sauvera mon mariage, Harry P. Dunne
Respirations et positions d'accouchement, Joanne Dussault
S'affirmer et communiquer, Jean-Marie Boisvert et Madeleine Beaudry
S'aider soi-même davantage, Lucien Auger
Se changer, Michael J. Mahoney
Se comprendre soi-même par des tests, Collaboration
Se connaître soi-même, Gérard Artaud
Secrets d'alcôve, Iris et Steven Finz
Se guérir de la sottise, Lucien Auger
S'entraider, Jacques Limoges
* **La séparation du couple,** Robert S. Weiss
La sexualité du jeune adolescent, Dr Lionel Gendron
Si je m'écoutais je m'entendrais, Jacques Salomé et Sylvie Galland
Si seulement je pouvais changer!, Patrick Lynes
Les soins de la première année de bébé, Paula Kelly
Stress et succès, Peter G. Hanson
* **Superlady du sexe,** Susan C. Bakos
Le syndrome de la fatigue chronique, Edmund Blair Bolles
Le syndrome de la corde au cou, Sonya Rhodes et Marlin S. Potash
La tendresse, Nobert Wölfl
Tout se joue avant la maternelle, Masaru Ibuka
Transformer ses faiblesses en forces, Dr Harold Bloomfield
Travailler devant un écran, Dr Helen Feeley
* **Un monde insolite,** Frank Edwards
* **Un second souffle,** Diane Hébert
* **La vie antérieure,** Henri Laborit
Vouloir c'est pouvoir, Raymond Hull

le jour, éditeur

Ouvrages parus au Jour

Affaires, loisirs, vie pratique

L'affrontement, Henri Lamoureux
Les bains flottants, Michael Hutchison
* **La bibliothèque des enfants,** Dominique Demers
Bien s'assurer, Carole Boudreault et André Lafrance
Le bridge, Denis Lesage
Le cœur de la baleine bleue, Jacques Poulin
Conte pour buveurs attardés, Michel Tremblay
* **La France à la québécoise,** André Bergeron et Émile Roberge
* **Le guide du répondeur bien branché,** Robert Blondin et Lucie Dumoulin
J'avais oublié que l'amour fût si beau, Évette Doré-Joyal
Jean-Paul ou les hasards de la vie, Marcel Bellier
Oslovik fait la bombe, Oslovik

Ésotérisme, santé, spiritualité

L'astrologie pratique, Wofgang Reinicke
Couper du bois, porter de l'eau — Comment donner une dimension spirituelle à la vie de tous les jours, Collectif
Le grand livre de la cartomancie, Gerhard von Lentner
Grand livre des horoscopes chinois, Theodora Lau
Grossesses à risque et infertilité — Les solutions possibles, Diana Raab
Les hormones dans la vie des femmes, Dr Lois Javanovic et Genell J. Subak-Sharpe
Les maladies mentales, John M. Cleghorn et Betty Lou Lee
Pour en finir avec l'hystérectomie, Dr Vicki Hufnagel et Susan K. Golant
Pouvoir analyser ses rêves, Robert Bosnak
Le tao de longue vie, Chee Soo
Traité d'astrologie, Huguette Hirsig

Essais et documents

* **1759 La bataille du Canada,** Laurier L. LaPierre
17 tableaux d'enfant, Pierre Vadeboncoeur
* **L'accord,** Georges Mathews
L'administration et le développement coopératif, Marcel Laflamme et André Roy
À la recherche d'un monde oublié, N. Laurin, D. Juteau et L. Duchesne
* **Les années Trudeau — La recherche d'une société juste,** T. S. Axworthy et P. E. Trudeau
* **Le Canada aux enchères,** Linda McQuaid
Carmen Quintana te parle de liberté, André Jacob
Le Dragon d'eau, R. F. Holland
* **Élise Chapdelaine,** Marielle Denis
* **Elle sera poète, elle aussi!** Liliane Blanc
En première ligne, Jocelyn Coulon

Expériences de démocratie industrielle — Vers un nouveau contrat social, Marcel Laflamme
* **Femmes de parole,** Yolande Cohen
* **Femmes et politique,** Yolande Cohen, Andrée Yanacopoulo et Nicole Brossard
Le français, langue du Québec, Camille Laurin
* **Goodbye… et bonne chance!,** David J. Bercuson et Barry Cooper
Hiérarchie ethnique dans la grande entreprise, Jean-Marie Rainville
L'histoire des femmes au Québec, Le collectif Clio
Jacques Cartier - L'odyssée intime, Georges Cartier
La maison de mon père, Sylvia Fraser
Les mémoires de Nestor, Serge Provencher
Merci pour mon cancer, Michelle de Villemarie

Psychologie, vie affective, vie professionnelle, sexualité

Adieu, Dr Howard M. Halpern
Adieu la rancune, James L. Creighton
L'agressivité créatrice, Dr George R. Bach et Dr Herb Goldberg
Aimer, c'est choisir d'être heureux, Barry Neil Kaufman
Aimer son prochain comme soi-même, Joseph Murphy
L'amour lucide, Gay Hendricks et Kathlyn Hendricks
Apprendre à vivre et à aimer, Léo Buscaglia
Arrête! tu m'exaspères — Protéger son territoire, Dr George Bach et Ronald Deutsch
L'art d'engager la conversation et de se faire des amis, Don Gabor
L'art d'être égoïste, Josef Kirschner
Au centre de soi, Dr Eugene T. Gendlin
Augmentez la puissance de votre cerveau, A. Winter et R. Winter
Le burnout, Collectif
La célébration sexuelle, Ma Premo et M. Geet Éthier
Ces hommes qui ne communiquent pas, Steven Naifeh et Gregory White Smith
Ces vérités vont changer votre vie, Joseph Murphy
Comment aimer vivre seul, Lynn Shanan
Comment apprendre l'autodiscipline aux enfants, Thomas Gordon
Comment décrocher, Barbara Mackoff
Comment faire l'amour à la même personne pour le reste de votre vie, Dagmar O'Connor
Comment faire l'amour à une femme, Michael Morgenstern
Comment faire l'amour à un homme, Alexandra Penney
Comment faire l'amour ensemble, Alexandra Penney
Contacts en or avec votre clientèle, Carol Sapin Gold
Dire oui à l'amour, Léo Buscaglia
La dynamique mentale, Christian H. Godefroy
Ennemis intimes, Dr George R. Bach et Peter Wyden
Exit final — Pour une mort dans la dignité, Derek Humphry
Faire l'amour avec amour, Dagmar O'Connor
La famille moderne et son avenir, Lyn Richards
La fille de son père, Linda Schierse Leonard
La Gestalt, Erving et Miriam Polster
Le guide du succès, Tom Hopkins
L'homme sans masque, Herb Goldberg
L'influence de la couleur, Betty Wood
Le jeu de la vie, Carl Frederick
Maîtriser son destin, Josef Kirschner

Manifester son affection — De la solitude à l'amour, Dr George R. Bach et Laura Torbet
La mémoire à tout âge, Ladislaus S. Dereskey
Le miracle de votre esprit, Dr Joseph Murphy
Négocier — entre vaincre et convaincre, Dr Tessa Albert Warschaw
Nos crimes imaginaires, Lewis Engel et Tom Ferguson
Nouvelles relations entre hommes et femmes, Herb Goldberg
On n'a rien pour rien, Raymond Vincent
Option vérité, Will Schutz
L'oracle de votre subconscient, Dr Joseph Murphy
Parents gagnants, Luree Nicholson et Laura Torbet
Parlez pour qu'on vous écoute, Michèle Brien
* **La personnalité,** Léo Buscaglia
Le pouvoir de la motivation intérieure, Shad Helmstetter
Le pouvoir de votre cerveau, Barbara B. Brown
Le principe de la projection, George Weinberg et Dianne Rowe
La psychologie de la maternité, Jane Price
La puissance de la pensée positive, Norman Vincent Peale
La puissance de votre subconscient, Dr Joseph Murphy
Réfléchissez et devenez riche, Napoleon Hill
Retrouver l'enfant en soi, John Bradshaw
S'affirmer — Savoir prendre sa place, R. E. Alberti et M. L. Emmons
S'aimer ou le défi des relations humaines, Léo Buscaglia
Savoir quand quitter, Jack Barranger
Les secrets de la communication, Richard Bandler et John Grinder
Seuls ensemble, Dan Kiley
La sexualité expliquée aux adolescents, Yves Boudreau
Le succès par la pensée constructive, Napoleon Hill
La survie du couple, John Wright
Tous les hommes le font, Michel Dorais
Triomphez de vous-même et des autres, Dr Joseph Murphy
* **Trop peu de sexe... trop peu d'amour,** Jonathan Kramer et Diane Dunaway
Un homme au dessert, Sonya Friedman
Uniques au monde!, Jeanette Biondi
Vivre avec les imperfections de l'autre, Dr Louis H. Janda
Vivre avec passion, David Gershon et Gail Straub
Vivre avec son anxiété, Isaac M. Marks
Volez de vos propres ailes, Howard M. Halpern
Votre corps vous parle, écoutez-le, Henry G. Tietze
Votre talon d'Achille, Dr Harold Bloomfield

---

* Pour l'Amérique du Nord seulement

Achevé d'imprimer au Canada
Imprimerie Gagné Ltée Louiseville